しゃべるばかりが能じゃない

落語立川流伝え方の極意

立川談四楼

毎日新聞出版

しゃべるばかりが能じゃない

落語立川流　伝え方の極意

はじめに

伝説、伝記、伝達など、伝を冠する言葉はたくさんあります。以心伝心と途中にあるのを入れるとちょっと数えきれません。「伝」は我々にとってそれだけ重要なワードということですね。

「伝える」とは一体どういうことか。あらためてそう考え、ふと「伝話」という言葉が浮かびました。もちろん「電話」が正解なのですが、話を伝える「伝話」より、電子機器を使って話す「電話」が優先されたのだと思われます。

「電話というものが発明されたらしいぞ」

離れていても話ができることに、人は驚き、さぞ喜んだことでしょう。まさに文明の利器で、それは鉄道が敷かれた時と同じくらいの衝撃だったのではないかと推察できます。

その電話も交換士がつなぐ時代からずいぶん進化し、今やスマートフォン（スマホ）が一般化しています。そして実に便利なんですねスマホは。かつてパソコンはかなり大型でしたが、スマホは小型軽量で、いわばパソコン要らず、これが1丁あるとほぼ同じ機能を果たすのです。

私は今、ツイッターをやっています。フェイスブックもラインもやりません。あまり何もかもやるとそれに振り回されるという判断で、ツイッターに絞ったわけです。ガラパゴスケータイ、いわゆるガラケーで始め、スマホに移行したのですが、スマホの多機能には驚きます。

「いい話を教えようか」

「え、なになに？」

「あのな、スマホには電話機能も付いてるんだぜ」

そんな小咄《こばなし》もあるくらい多機能なのです。

昼過ぎに140字ちょうどのツイートを3本投稿し、その反応は時々見ます。リプライというメッセージに答える必要がある場合に備えてです。それからニュースを見ますね。メールを打ったり返信したりもします。それから本の情報や映画の予告編を見るのも好きですね。格闘技ファン、それもボクシング好きですから、ちょっとYouTubeに深く入り、昔の名試合を見たりもしますね。あ、それから肝心の電話をかけたり受けたりもします。

こう書き出すと、相当スマホを頼りにしていますね。ですから紛失した時はあわてました。2度も落としたのです。最初のは出てきませんでしたが、2度目はかなり遠くの駅に届けられ、ありがたい思いをしました。同時に酒に酔うとこういうことがあるのだと思い知ったわけですが、大きなリスクは仕事先や友人知人の連絡先を失うことです。そのとき学習したのは、住所録や電話番号、メールアドレス等は、紙に書いて別に保管すべきだということです。これ、周辺でもかなりの人がやらかしていますので、どうぞお気をつけください。

日中、午後2時とおぼしき時間、電車に乗りました。ベンチシートの座席が埋まり、立っている人がチラホラという状況です。朝晩のラッシュ時とは当然客層も異なります。私は7人掛けのシートに座り、読書をしていました。私は書評の仕事もしていますので、移動の車中はほぼ読書の時間に充てています。

ふと車内を見回し、驚きました。前の座席の7人中6人がスマホを手にしているのです。

イヤホンをしている人は音楽を聴いているのか、手を盛んに動かしている人はゲームか、とにかく6人がスマホを持ち、残りの1人、女子中学生だけが文庫本を読んでいて、私をちょっと感激させたのです。

私の座席側はと見ると、中年の女性が週刊誌を読む以外、やはり5人がスマホを手にしていました。合わせて14人中の11人がスマホということです。驚きましたが、愕然とはしません。それはすでに日常だからです。

かつて通勤のプロは、ラッシュアワーの中、新聞を細かく縦折りにして読みました。それはまさに神《かみ》（紙）業《わざ》で、それではあまりにもご苦労だというので一回り小さいタブロイド判が発売になったという経緯があります。そして、そのタブロイド判さえ読む人が減っているという現実があります。

では読者の絶対数が減ったかというと、そんなこともないのですね。スマホで読んでいるのですから。アナログからデジタルへの移行ということです。大勢の人がスマホからたくさんの情報を得ているのです。

新聞、雑誌、書籍等の紙媒体は、いきなりはなくなりません。徐々に減るものと考えます。人々には習慣があり、郷愁があり、何より紙媒体が好きという人がまだ相当数いるからです。私もその一人なのですが。

「近頃の若者は本を読まない」という意見があります。「だから口のきき方がなっておらず、文章もひどい」とも言います。本当でしょうか。今の若者ぐらい多くの文章を読み、書いている世代はないと私は思います。ツイッター、フェイスブック、ブログ、ラインというSNSの世界において彼らは存分に筆（？）をふるっているのです。惜しむらくはそれが同世代、同好の士に向けてという限定的なことです。つまりそれは世代や立場の違う人に伝わりにくいということです。

さあ「伝える」とは一体どういうことでしょうか。考えや思いを伝えるにはどうしたらいいのでしょうか。これだけ便利な世の中だからこそ足を止め、考えてみる価値があるのではないでしょうか。

落語は、客に伝わらないとどうにもなりません。伝わって初めて「面白い」とか「くだらねぇ」とか「いい噺ね」といった評価になるのです。早いもので、私もそんな業界にかれこれ50年いることになります。主に古典落語と言われるものを演じますが、背景は江戸・明治時代が主で、それだけで古いと言う人もいます。ではなぜ今、古いものとされる落語がもてはやされているのでしょうか。はい、テーマに普遍性があるからです。人の営みを描いているからに他なりません。

落語はほぼ台詞のやりとりで成り立っています。小説で言う「　」（カギカッコ）で進行するのです。地の文章で説明しないのに、なぜ男か女か、武家か町人かが分かるのでしょう。上下《かみしも》を切ると言うのですが、右を向いて次に左を向いてしゃべるだけで、なぜ人物が入れ替わったことが理解されるのか。そんなことを現代とからめ、考えていきたいと思います。

原点回帰と言います。煮詰まったら元に戻れとも。温故知新、故《ふる》きを温《たず》ねて新しきを知るということです。これ、案外大事なことです。知り得る限りのことを開陳しましょう。時に知らないことまで言う癖がありますから、そこはスルーしてください。

なぜ「伝え方のうまい人、ヘタな人」がいるのか、損はさせませんのでしばしお付き合いください。ではまた後ほど。

しゃべるばかりが能じゃない ✲ 落語立川流 伝え方の極意 ✲ 目次

第2章 ✲落語家の下準備

第3章 ✲ いざ、登壇！

第1章✲伝える力

必ず伝わる基本のイロハ

酸いも甘いも見せられる大人の表現はこう育つ

私は1970年に、七代目立川談志（1936～2011年）に弟子入りしました。『現代落語論　笑わないで下さい』（三一新書）という、高校通学途上の書店で見つけた本が私の人生を変えることになったのです。ふだんは近づきもしない落語コーナーがなぜ目についたのか。著者である故立川談志の、ページの隅々にまであふれる落語への愛に打たれて、「この人の弟子になる」と決めてしまいました。落語の知識もほとんどなかったのに、若さと言うしかありません。

落語家への第一歩は、弟子になることから始まります。これはと決めた師匠の高座や寄席に通いつめ、楽屋口でいわるゆる出待《でま》ちをして弟子入りを請います。断られても断られても訪ねると、やがて「親を連れて来い」という展開になり、ようやく入門許可が出ます。

まずは見習いです。私は談志に1年間付きました。カバンを持ち、身の回りの世話をする付き人というやつです。その間に芸能界の約束事の大まかなことを覚え、弟子もできていよいよ寄席の楽屋入りです。落語家、色物の芸人と、知らない人ばかりで驚きました。談志の〝追っかけ〟でしたので、他の芸人を見る余裕がなかったのです。

主な仕事はお茶汲みでしたが、これが各人各様で大変でした。熱好きぬる好き、濃い薄い、量多め少なめ、白湯《さゆ》、水とさまざまで、それをいつ出すかも問われます。「キミは間《ま》が悪いねえ」などと言われるのです。よくノイローゼにならなかったものだと、我が事ながら感心するくらいです。

高座返しも大きな仕事の一つです。座布団を返したり芸名の書いてある見出しを出したりする係です。そうやって働いていると、褒美のように高座が与えられます。客はほとんどいないのですが、一生懸命しゃべるだけです。池袋演芸場では時間が来たから高座へと言われたものの、客がいません。しゃべっているうちに客が一人来たら、「下りろ」と言われてしまいました。今の前座さんは幸せです。かなり客がいる状態で高座に上がれるのですから。

前座には平《ひら》前座と立《たて》前座がいます。着替えや着物を畳むこと等、見習いにほとんどの仕事を任せ、彼らは楽屋に君臨しています。平前座は鳴物《なりもの》担当で、出囃子《でばやし》や色物の太鼓を叩くのです。立前座は文机《ふづくえ》の前に胡坐《あぐら》をかき、一見何もしていないように見えるのですが、実は重要な仕事をしています。後から出演する人とネタがかぶらないよう、根多《ねた》帳と言われるものに誰が何を演じたかを記しているのです。しかも毛筆で。出演者に給金も渡します。出演者はペコペコし、まるで彼から給金が出ているかのごとくです。

もう一つ大事なことは、彼が楽屋の運営者だということです。昼席なら昼席、夜席なら夜席の時間等をすべて任されているのです。急ぐ人、遅れて来る人、芸人はさまざまです。ですから彼は出演者に「少し長くやってください」「短めにお願いします」と言い、そうやって終演時間を守るのです。

誰も立前座には逆らえません。協会会長であってもです。小さな権力者と言ってもいいでしょう。そうしてそうすることが彼の最も重要な仕事なのです。しかしやがて彼も二ツ目、真打に昇進します。するとあら不思議、その彼が現在の立前座にヘイコラするのです。まあ楽屋は長年そうやって回っているわけで、理事とか幹部とかいった人たちも皆そこを通ってきたのです。だからこそガツンと小言を言ったり優しくしたりできるのです。

見習いの頃はこういうことがまるで見通せません。立前座を目前にした頃、なぜ楽屋修業が必要なのかが分かってきます。楽屋は「つかず離れず」という人との距離感を学ぶところなのだと。近すぎるとうっとうしいし、離れると用が足せません。間合いという言葉もピッタリきます。

当人は夢中で、修業とも奉仕とも考えてないのですが、ある日突然、声がかかります。

「今度の独演会の前座を務めてくれねぇか」

「教えてやろう、稽古に来いよ」

と。この時卒然と気づいたのです。今までの時間はこのためにあったのだと。稽古はタダです。信頼関係がなきゃタダで教えてくれるはずはないのです。

前座修業をパワハラと言う人もいますが、私は必要な年月と思っています。目的はプロの落語家になることであって、前座のプロになることではありません。ですから多少ドジでもいいんです。信頼関係を築き、可愛がってもらう。それが一番なのです。

自分の師匠に稽古をつけてもらうだけでは、偏りが出ます。それを「血が濃くなる」と言うのですが、さまざまな師匠に稽古をつけてもらい、血を薄め、やがて自分の型、オリジナルを作る必要があるのです。それを長い時間、つまり生涯にわたって挑み続ける仕事、それが落語家だと私は思っています。

新入社員にはキツい研修があったりするということも聞いています。それが何のために課せられるかを分かっているかどうかで、開きが出ると思います。会社が高い費用をかけて無駄なことをするはずがないのですから、その時は無駄に思っても、あなたの目的がハッキリした時、それは無駄でなくなると思うのですが、いかがでしょう。

見通しを予告するのは大サービス

どうも生来話し下手で……という人は、落語家は「生来」話し上手と思っているようです。いや、だって落語家の皆さんは立て板に水でしゃべって、観客を何時間も引きつけていられるでしょう……とおっしゃるかもしれませんが、聞かせるコツがあるんです。

まず、寄席の表には看板があります。角に丸みがあって紙いっぱいに埋め尽くしたような寄席文字は、大入り満員を願う江戸からの伝承です。木戸で演者名を連ねたプログラムを渡され、それを見れば、おおよその内容とそれぞれの時間の見当がつく。客はそれを楽しもうという心構えで席に落ち着いているので、我々はそこに乗っかっていけばいい。入門して3、4年の前座がどうにか高座の「前座」を務められるようになるのも、そうした道具立てのおかげで雰囲気ができているからなのです。
さて、高座でもない日常生活――ビジネスシーンなどでは、誰も看板を書いてくれませんから、自分で「見出し」をつけなければなりません。

司会者「今日は皆さん、何時に出社されましたか。8時？　8時半？　だいたい8時台に集中していますよね。丸ノ内線など本当に8時台は混んで、私が前に住んでいた○△駅などは……」

ここでもう会議のメンバーはギブアップ。司会者が何を言いたいか分からないからです。

司会者「今日は皆さん、何時に出社されましたか。8時？　8時半？　だいたい8時台に集中していますよね。実は東京五輪に向けて我が社でも時差ビズを始めようという案が出ています。7時台に改札を通るとポイントがもらえるサービスも駅は開始しました。そこで『皆で100ポイントアップ作戦』と名づけて、当部署の10

人から時差通勤に取り組んでいければと思っています」

ホワイトボードがあれば「皆で100ポイントアップ作戦」と、〝看板〟を書きます。さらに、プログラムと同様、要点を書き出します。

- 時差通勤のメリットとデメリット
- 実現可能なメンバー選定
- いつから実行するかなどのスケジュール

できれば一つ目と二つ目の間に休憩を挟みましょう。30分ごとに休憩を挟んで3本、計90分くらいが標準でしょうか。これは、落語家が大きなネタをやる時の持ち時間とほぼ同じです。噺だろうと会議だろうと、人が集中できる時間は大して変わらないということでしょう。そして、落語家がマクラを振って「今日はこういう噺」と言うように、タイトルが必要なことも変わりありません。何が出るか分からない、まるきり分からない話に90分付き合わされては大変ですから。最初に3つの話をします、と数を示すのも大切です。見通しが立つと、集中するからです。

休憩後に実力が問われる

声つき、話し方、内容などさまざまなノウハウがあるわけですが、土台となるのが時間の使い方です。

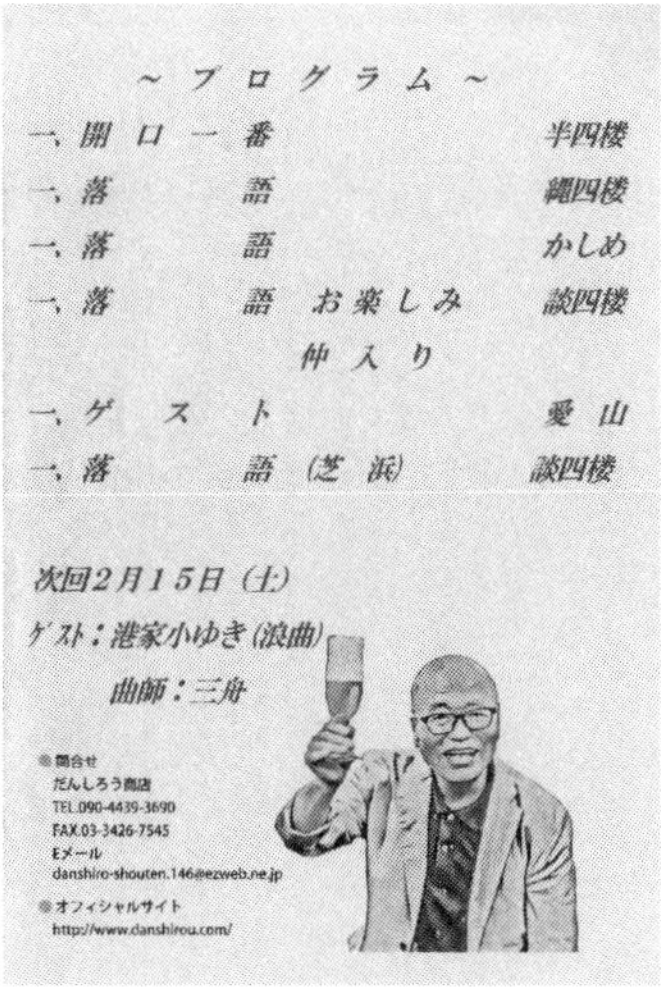

下北沢 立川談四楼 独演会プログラム
（2019年12月15日開催）

最後の「オチ」、数人で話すなら、最後に話す「トリ」の人を意識します。トリが引き立つように、その前を構成していきます。トリの演じる演目と重ならないよう前の演目を決めていき、全体の時間の真ん中より少し後ろに休憩時間を持ってきます。

休憩後は寄席でもハードルが高い。ざわざわしていて、まだお弁当を食べている人がいたり。この時切り込んでいく「休憩後の話し手」を〝食いつき〟と呼びます。ぱっと非現実に戻すのですから、かなりいいネタを用意するか、実力のあるベテランに演じさせるのが常道です。

慣れると、プログラムを見て、「誰が食いつきかなあ……おっ」などと力のレベルを確認するのも面白いですよ。トリが一番の実力者、二番目が休憩前の仲入り、次が食いつきという順でしょうか。そしてまだ青い前座くん。それぞれの力を比べていくのも、落語の楽しみですね。

✲ 伝えるための「プログラム構成」の仕方
——話ごとに「見出し」をつける

・今よろしいですか？　5分ほどお時間をいただきたいのですが。

↓見出しをつけるなら「会議の議題についての声かけ」

・昨日お渡しした資料の件で訂正があるのですが。
↓**見出しをつけるなら「資料の訂正の連絡」**

・折り入ってご相談したいことがございます。
↓**見出しをつけるなら「メンバー選定法についての相談」**

・いったん休憩を入れさせていただきます。5分後に戻ります。
↓**見出しをつけるなら「休憩時間」**

・ありがとうございました。前向きに善処していきます。
↓**見出しをつけるなら「最後の挨拶」**

こうしたプログラムを意識しておくと、挨拶ばかりにだらだら時間を潰すということがなくなります。最初のうちはメモをして、何に何分、とか時間を決めておくのもおすすめですね。

一番言いたいことは短く

「いま一番まっとうな保守は共産党だ！」

故西部邁《にしべすすむ》先生が晩年に遺した名言の一つです。

……短いでしょ。そして的を射ているでしょ。もはや、社会保障も憲法も守る気のない自民党は、じゅうぶん過激派（を通り越してカルト？）と言い得て妙であります。

少々理屈っぽくなりますが、「保守は共産党」というところに注目してください。主語の後にすぐ述語が来ています。これが、「いまの保守は自民党というところなのだろうが自民党は金融緩和策以外の方策は何もなく……」など、間に接続詞や別の文章をはさんだ連文・複文になってしまうと焦点がぼやけてしまう。文章ならよいのですが、会話ではすぐ何の話か分からなくなってしまいます。

どうして保守が共産党かは、まず言い切ってから、「なぜなら……」と後で言えばいいのです。

雑誌も発行し、大変なインテリだった西部先生は、晩年の談志を彩ってくれました。おそらく先生は、何も知らない視聴者に親切に説明しようとしていたのでしょう、「朝まで生テレビ！」（テレビ朝日系列）という討論番組に出ていた頃は、「君の話は長い、くどい」と司会の田原総一朗さんにさんざん注意されたのだそうです。１９８０年代の論客は右を向いても左を向いても左派ばかり。大島渚監督はじめ、リベラルなジャーナリストや作家にからむ敵役として、保守論客の西部先生はぜひとも必要でした。田原さんがそこを買って出し続けてくれたおかげで、先生はだんだん短く言う術を獲得していったそうです。

むろん、短いだけではいただけない。一番言いたいことをずばっと。「目の前の相手に分かりやすく伝える」ことを最上の目標としてください。

「私は社員をＭＢＡプログラムに行かせるのに賛成です。なぜなら〜」

一人が1回に話す時間は10秒から15秒くらいが目安とされています。それ以上になると、聞いているほうはため息をついたり、時計を見たり、顔をさわったりしてくる。そうなったら、「あなたは？」と相手にボールを投げなければならない。何も話さないうちに「時間切れ」とならないよう、まず結論を言って先に進みます。結論を先に言っておけば、田原さんが「はい、コマーシャル！」と言っても安心ですね。

＊短くするために使える接続詞
――接続詞を抜いても伝わればなおよい

○○○は××だ。なぜなら～だからだ。

○○○は今期限りにする。しかし××は続ける。

○○○の予算を組みたい。ただし××については来週まででよい。

＊使うとかえって長くなるNG言葉

○○○は××だ。一方、××は△△ともいえる。

○○○は××だ。逆に言えば××は○○○でもある。

○○○は××だ。といっても△△という見方もある。

つまり、短く言うためには、そもそも自分の頭を整理しておかなければなりません。他人様《ひとさま》に分かりやすく伝えようと工夫することは、結局は自分のトレーニングになるのです。

表情、姿勢、抑揚の決まり

あなたの話は分かりにくい、と言われる時、内容そのものではなく、意識の問題がかかわっている場合があります。

人間、不思議なもので、伝えたいことが伝わらず、よけいなことが重要な情報として入ってきたりする。脳はいくつものことを同時に処理できないので、一番インパクトのあるものを相手は受け取ってしまうのです。

「失敗したらどうしよう」。そればかり考えていると、相手は、緊張感ばかり受け取って、まったく話が耳に入ってこないことになる。

手のひらに「人」の字を書くとあがらない。これは人を呑むというおまじないです。それには失敗したらどうしよう、と思わないこと。そのためにはまず「笑顔」です。

笑顔を意識すると、自然と背筋は伸びます。うつむいて笑う人はいないでしょう。すると相手も緊張がほぐれ、自然と耳に声が入りやすくなる。

さらに、ここが肝心、というところでは、いったん深呼吸して、相手の顔を見ます。客が何百人いても、一人ひとりに「私を見てもらえた」という感情を抱かせることはできます。まず正面を「切る」。これは客席の真正面を見る、ということで、人をまっすぐ見られない人は落語家には向いていないんですね。ふだんはどれほど照れ屋でもいいけれど、出るところに出たらまっすぐ相手を見ましょう。それから左、右の順で見る。そして前方のかぶりつき、つまり前2列目までくらいに移り、2階席があれば上へ視線を移していきます。

もし2階席がなければ、とにかく遠くを意識しましょう。後ろの人ほど、自分が見てもらっているかどうか不安なもの。ある年配の女性歌手は、同世代の客が多いことを生かして、「遠くの方《かた》、見えてますよ！　この年になると、遠くのほうこそよく見えるんです！」と最初に言って手を振ります。共感した客はそこでワーッと盛り上がる。もう、近くより遠くが見える、という老眼の特質さえショーアップに生かしているんですねえ。

自分の姿が相手に見えるかどうか確認するというのはコミュニケーションの第一歩でもあります。「あなたの姿が見えていますよ」と伝えることは、あなたが寝たりお弁当を食べたりしたらちゃんと見えていますよ、という意でもあり、両者にいい意味での緊張感が生まれます。

既成の価値観を引っくり返せ

子どもの頃、梅雨で嫌だな、外で遊べないしと思っていたら、「雨が降るからお米もできる」と言われて「ええっ」と驚いたことはありませんか。自分の思い込みを引っくり返されるのは、案外気持ちがいいものです。脳が刺激を受けるんですね。そして視野が広くなったような気もいたします。「人の立場になって考えてみましょう」というのは、説教ではなく、実はエンターテインメントのきっかけでもあります。

さて、「あくび指南」という古典落語があります。あらゆる稽古ごとにチャレンジしては途中で投げ出す熊五郎に道で会った八五郎、今度は何を習っているか聞くと、なんと「あくび」だという。えっ、あくびを「習う」の？ 興味津々の八五郎はついていき、お師匠から「四季のあくび」を習う熊五郎を見物します。春と夏と秋と冬とでそれぞれ違う、「季節のあくび」がある。春はゆったり、夏はしどけなく……これ、相当高度な文化ですよ。暇でなければあくびは出ないですから。で、夏は一番やさしいあくび、船頭さんを雇ってのゆったりした船遊びという設定なんですが、熊五郎はなかなかあくびが出ない。稽古を見ていた八五郎、「下らねえことを習ってやがる。見ているこっちの身にもなってみろ。退屈で退屈で、ああ、ならねぇ」と大あくび。と、お師匠さん、「ああ、お連れさんのほうがご器用だ」という一言でオチ。いわゆる立場が引っくり返る、「逆さオチ」ですな。しかし、引っくり返っているのはオチだけではない。そもそも「あくびを習う」というのが意表を突いていています。

物知りのはずの和尚さんが知ったかぶりをしたり、お殿様が意外と間抜けだったり、落語には既成の価値観が引っくり返る場面が時々登場します。どんな人でも、思い込みを返されるのは面白い。自分が意外だと思ったことは、本でもテレビでも出合ったらどんどんメモしておいてください。これが話のネタ帳になっていきます。

談志が感心していたのは、うっかり急行電車に乗り、急行料金を取られたお年寄りでした。

「いつもより短い時間しかお邪魔していないのに（乗っていないのに）、なぜ料金が高いんだ？」と。「その分、早く着きますから」と駅員が説明すると、「あたしは別に急いでいない！」。

――短時間なのに高いというのが、納得いかなかったんですね。急行の「デメリット」が面白く、談志はマクラに使っていました。効率に金を払うだけが能じゃないんですよね。

退屈させない演出

落語家の扇子、エコノミストのグラフ

落語家が高座に出て正座をすると、客は落語家の膝から上を見ることになります。落語家は正座のまま、セットも衣装替えもなしでさまざまな役を演じるわけですが、扇子と手拭いという小道具を使います。扇子は暑い時にあおぐだけじゃありません。煙管《きせる》に刀に箸にそろばんに、手拭いは財布や煙草入れというふうに使い方で幾通りにも見立てさせる。それと同じで、落語家でなくとも飛び道具を持っていいと思います。

たとえば、手書きの文字はもはやアートといっていい。結婚式なら、和紙に墨で祝辞を書き、くるくる巻きほぐして見せながら、「花嫁は才色兼備で……」とやる。よくある履歴紹介ですが、巻き物という飛び道具に皆見とれるばかり。そうして、「では末永くお幸せに……」と締めてから巻き戻して、新郎新婦に差し上げる。見た目の格好よさから、セ

レモニーとして成立するでしょう。披露宴の司会をしていて、数回見たことがあります。

これのいいところは、暗記したり、チラチラとメモを見たりしなくてもよい点ですね。マイクに近づけ、わざわざ紙の音を聞かせて読んでください。紙ならではの摩擦音が効果音になるでしょう。視覚と聴覚に訴えかけるパフォーマンスにしていくんです。

最近は、プレゼンテーションでも会議の場でも、タブレットからつないだプロジェクターが利用できるようになりました。カラフルなグラフはビジネスの飛び道具ですね。れいわ新選組代表の山本太郎さんが、非常に使い方がうまい。客席を向いて、「こちらのグラフをご覧ください」と、図を邪魔しない位置に立って説明したり、ポイントをアップにしたり。聞き手の視点が移動するため、目玉が動き、眠くならないというメリットもあります。

センスのよさも見せられますが、本領は、実績や蓄積を数字で示せることにもあります。「この商品はよく売れています」ではあいまいだけれど、「発売3カ月で毎月50％増の売り上げです」「消費税の3％が使途不明です」などと言って円グラフや折れ線グラフで見せる。数字の説得力に加えて、ビジュアルの分かりやすさもある。「経済産業省の調べでは」など引用元を添えると、より説得力が増すでしょう。ぜひお使いください。我々の扇子や手拭いより、あらかじめ作っておけるわけですから、使いやすいはずです。

衣装も演出、失敗も演出

一人で複数の役を演じ分ける落語では、侍など身分の高い人は下手《しもて》（客席から舞台に向かって左側）を向いて話し、八五郎や熊五郎は上手《かみて》（客席から見て右側）に向かって話すようにして、人間の力関係を表します。また、落語の主役に着物を合わせることもあります。お侍には黒紋付。商人を主に描く時は茶色などの紬系《つむぎけい》。廓話《くるわばなし》など女性が多く登場するものは、やわらかものの小紋を着ることが多いですね。

洋装なら、ダークスーツはどんな場にも使えるでしょう。噺の内容ごとに衣装を考えなければならないのはやはりプロ。お金もかかります。我々は、前座の頃までは先輩からもらったり、古着を買ったりするなどして節約しています。ただ、昔のものはつんつるてんで寸法が足らないのが難ですね。真打昇進のお披露目などで新調したい時は、ローンを組んだりもします。

最近便利なのは、家で洗える着物が出てきたことで、上質のものがずいぶんあります。そう、スーツも洗える物が出てきました。夏は冷房、冬は暖房が利いていますし、うまくすれば衣替えもせず1、2着で過ごせるでしょう。ぜひうまく使ってください。

勝負ネクタイというか、これがあるとうまく行くといったアイテムを持つのもおすすめ。台詞が飛んだ時は助けてくれます。

準備をしていても、それでも人は失敗します。私も固有名詞や数字がすぐ出てこないことがあります。そんな時は、お客か周囲に助けてもらいましょう。

「あれっ、金額はいくらだったろう、50両だったかな？　えっ、50両でいい？　ありがとうございます」——私はそう客に教えてもらったこともあります。「前座！　俺、この先どこへ行くんだ？」と叫んだ師匠もいます。客は大受け。忘れてもそこをショーアップしてしまうのも一つの手です。

会話は、相手と自分が7対3

傍で聞いていて、恋人同士の会話ほど意味のないものはありません。人の噂やら何やら、どうでもいいことをいつまでもしゃべり続ける。彼らは2人の世界に入っていますから、好きな人がしゃべっているのを聞いているだけでいい。

最近よく見かけるのが、喫茶店で向かい合ってラインを送り合っている人たち。顔が向き合っているのだから話せばいいじゃないかと思うんですが、まあ、言った言わないのもめごとが起こらないのが、記録が残るメールやラインのよさでしょう。恋人同士で向かい合っているからこそ、「会話」は記録に残したい、ということでしょうか。

ただ、たとえ恋人同士であっても、会話にはマナーというものがあります。どちらかがしゃべり、一方がふんふんと聞き、次にそれを受けて「私は……」と話し始める。交代でしゃべるのがルールのようになっています。

集団では、面白いもので聞き手と話し手がだんだん決まってくる。特に盛り上がっている集団は、聞き手がいい。あいつがいるとなぜか盛り上がる、という時、その「あいつ」は、質問も、質問の仕方もうまいんです。

誰でも、身を乗り出して質問してもらえればうれしくなります。質問が的確なほど、「ああ、あの人といて楽しかった！」「あの人は話し上手！」と思ってもらえる。本当は話し上手ではなくて、聞き上手なのですが。

会話のキャッチボールは5対5といわれますが、実感としては、自分が3くらいのほうがいい。それで相手に「5対5」と思ってもらえます。2人で30分話したとして、本当に15分ずつだと、2人ともどこか話し足りない感じが残っているはずです。相手が目上なら、向こうに話してもらうようこちらが気遣いましょう。取引先の場合でも、相手に7しゃべらせるつもりで、「今までご購入した商品はいかがでしたか」「奥様はどのようにおっしゃっていましたか」などと質問を重ねていってください。それに乗って、「実はうちの子が最近大学に受かって……」などと自慢話を始めたら、「それはすごい」と大げさなくらいほめてあげます。恥ずかしがっては効果半減。相手の目を見て、身振り手振りをまじえて身を乗り出しながらうなずきます。

相手が何かに向かって取り組んでいる最中でしたらまだ自慢まではできないわけですが、たとえ結果が出ていなくても、姿勢やプロセスはほめるに値するはずです。相手は「言ってよかった！」と思ってくれることでしょう。メモを取ったり、身を乗り出したりするだけでも相手の話に熱が入るのが分かるはずです。

大人はいくつも顔を持っているもの。「あなたはどう思いますか」より、「リーダーとしてどう思いますか」「担当者としてどう感じますか」「父親としてどうしたいですか」といった状況別問いかけのほうが、答えやすくなります。

ある時、年末ジャンボの宝くじが間近なこともあって、「もしも1等の7億円が当たったらどうするか」といった話が居酒屋で出たことがありました。島を買うとか、ラスベガスのカジノを貸し切るとか、国を買って大統領になるとかいろいろ出たのですが、気がつくと次々いろいろな人が参加してきて店中、大盛り上がりになりました。

今何がしたいですか、と聞かれて答えられない人でも、「明日地球が滅亡するとしたら何がしたいか」と聞かれれば、初恋の女性に会いたいなどなど、出てくるもの。「仮に～だったら」という視点で架空の状況を設定し、現実から解放されてみましょう。人を説得する場合でも「もし……」を使ってみると、「それなら」と違う側面が見えてくることがあります。

不動産の広告では、カップル向きの居室なら幸せそうな男女が家事を協力し合い、ひとり暮らし向けの居室なら仕事から帰ってリラックスしている姿が写っていたりします。「もしも」この部屋を借りたら（買ったら）、あなたはこんな生活ができますよ、と表現されているのですね。

ヨイショは人のためならず

もう一つの奥の手が、繰り返し、いわゆるオウム返しです。

落語によく登場する稼業の一つに幇間《ほうかん》があります。客と芸者の間を取り持ち、楽しませるので助けるという意の「幇」の字があてられました。太鼓持《たいこも》ちとも言われる所以《ゆえん》は、太閤《たいこう》こと豊臣秀吉の御側付《おそばづ》きがご機嫌伺いをしていたからとも言われています。幇間のキャラクターでピカ一なのは一八《いっぱち》で、たとえば客にこんな追従《ついしょう》を言う。

「俺、善公ってやつが嫌いなんだ」

「あたしも嫌い、あんなヤな奴はいませんな」

「でもいいところもある」

「いいとこだらけですよ」

「どっか行こうか」

「行きましょう」

「よそうか」

「よしましょう」

どうです、この主体性のなさ。

人は自分の聞きたいことだけを聞く。だから、相手の言っていることを繰り返してあげているのです。見事ではありませんか、幇間。繰り返すだけだから簡単、とは言いません。人間はどこかで主張が出てしまうので、ここまで主体性はなくせないのです。しかし姿勢だけは見習いたい。

ヨイショは、太鼓を持ち上げる時のかけ声が語源という説があります。我々落語家はそれが本領ですから、故古今亭志ん駒《ここんていしこま》師匠が率いる草野球チームは、「ヨイショーズ」と命名されていました（他に「ダジャレーズ」「スイマセンズ」等もあり）。

志ん駒監督が右翼の大立者《おおだてもの》にゴルフに誘われた時のこと。大物氏がものすごいスライスボールを打った時は、「いよっ、大将、憎いね、ボールも右寄りだ」。また、落語家の名人級とグリーンへ出た時は、「さすが、寄せ（寄席）がうまい」とヨイショ。ご祝儀が出ちゃって大変だったそうです。そう、「ヨイショは人のためならず」。

志ん駒師匠に言われてドキリとしたことがあります。

「俺はね、女房にも子どもにもヨイショするよ。機嫌がよくなって、家の中が明るくなるからね」

その志ん駒師匠が還暦を過ぎた頃、私は尋ねました。

「ヨイショの対象が年下ばかりで、やりにくくありませんか」

「全然」と志ん駒師匠。

「もう一歩外へ出るとね、街を歩いている人が皆、客に見えてしょうがねぇ」

これを応用して、面と向かってほめるのではなく第三者を使うと、もっと信憑《しんぴょう》性が増すでしょう。

「田中さん、鈴木さんが田中さんに任せておけば安心だって言っていましたよ」

「鈴木さん、田中さんが鈴木さんほど信用できる人間はいないって言っていましたよ」

田中さんと鈴木さんが照合しあうと「そんなこと言ってねえ」ということになるのですが、ではあなたが嘘つきに見られるかと思うと、そんなことはない。2人に友情を育ませてくれたあなたが感謝されることになります。

また、宴席で店の大将に、「今日はうちで一番信頼できる部下を連れてきました」と言って、大将を使って新人をヨイショしてあげるのも効果があります。ヨイショがヨイショに聞こえないのです。

できない、という人は、「自分のほうこそヨイショしてもらいたいのに……」という対抗心があるのかもしれません。そんな時は、このフレーズを思い出してください。

「ヨイショは人のためならず」

「ヨイショはされる身になり丁寧に」

談志はどこの何がよかったか、ピンポイントでほめてヨイショしていました。作品にしても、映画でも小説でも歌謡曲でも、一番力を入れた部分があるんです。談志はそこを見極めて「あそこたまんねぇな」とほめる。これにやられないクリエイターはいません。

相手に配慮した言葉選び

初高座はとにかくほめる

我々は、落語家になりたい、という時、師匠を選ぶことができます。一般企業のように求人募集しているわけでもないので、これはと見初《みそ》めた師匠の独演会等に通い続けます。門前払いを食っても押しかけ、もはやストーカーの成れの果てみたいになって思いを遂げる。そこに来るまでにどんな落語家になりたいかは、もう腹が決まっています。だから、師匠の芸を見ていれば、だいたい何が起こっても、予想の範疇内。性格まですべて分かるとは言いませんが、弟子入りしてから新たな発見はあるものの、「こんな師匠とは思わなかった」ということは、まあ、ないですね。

私が子どもの頃はラジオの時代で、寄席演芸番組が花盛りでした。今振り返ると前座時代の約5年は短いのですが、矛盾だらけの無理難題が降りかかる毎日はいつ終わるかというような地獄。食糧難の戦後に子ども時代を過ごした談志は大変なケチで食べ物に執着するあまり多数の冷蔵庫を自宅に備え、全国から送られてくる山海の珍味をひたすら捨てず保管して、賞味期限が切れると弟子に食べさせました。若き日から売れに売れて大金持ちなのになぜ、と一瞬でも矛盾に気づくと保《も》たない。しかし、どんな真打も「嘘だろ」というような修業時代を経験しています。

談志も亡くなり、今は受けなければ「客が悪い」と時に開き直る私ですが、今でも青臭くて下手な、前座の落語が好きです。その時代がなければプロになれない。あれからどれだけ失敗したか。初高座の日、パニックになったことを思い出します。18歳の私はネタが「小町《こまち》」しかなく、これは恋の話なのですが、客席を見渡してもそれが「合う」か「合わない」かすら、気づきようがありませんでした。緊張のあまり何度も噛み、挙句に高座を踏み外して転倒、そこへ後ろの屛風が倒れかかってきたのもつい昨日のことのようです。兄弟子が屛風を押さえてくれましたっけ。兄弟子は怒るかと思いきや、「お疲れさん！よかったよ、うまくなるよ」と声をかけてくれました。

「ありがとうございます！」

多少情けなかったですが、終わった後の解放感といったらありませんでした。兄弟子は、それがどんなに悲惨であっても、弟弟子の初高座は必ずほめます。初高座は人生一度きりですから。今でもなかなかいい楽屋の風習だと思います。

ロマンチックな悲恋も失敗でオトす

師匠のもとに通い続ける落語家志願、といえば「小町」にも通じるかもしれません。小町とは百人一首にも登場するヒロイン、小野小町《おののこまち》のこと。音に聞こえた、平安時代の美女です。在原業平《ありわらのなりひら》はじめあまたの貴族の男たちが求愛しますが、中でも熱心だったのが深草《ふかくさ》の少将という美男子です。少将とは位の名称で、宮廷の位置づけでは若きエリートといったところ。

「雨の日も風の日も百夜《ももよ》続けて私のところに通ってきてくれたなら、私はあなたのものになりましょう」

少将の求愛に小町は条件をつけました。しかし、本当に通い続けるも、少将はあと一夜を残した九十九日目の夜、大雪で亡くなってしまうのです。

百人一首に残された歌からできた逸話で、少将が実在した人物かどうかも分かりません。が、あまりにドラマチックな悲恋のため、亡霊になっても通い続ける少将を描いた能ができ、少将が最期の夜に握りしめていたというカヤの実を神木にいただいた神社ができたと言い伝えられています。落語では、くすぐりに使われることが多く、「深草の少将」にかけて、「少々不覚」と落としたりします。一見、笑いとは真逆の悲恋話まで、「最後の最後で失敗した」というところだけは押さえて、落語に仕立ててしまうんですね。

敬語は相手への気遣いの基本

１９８０年代に流行した詐欺に、「消防署のほうから参りました」というのがありました。「のほう」と言っているのですから、方角を告げているだけで、消防署の人間とは一言も言っていない。なのに、消防署の人と思い込んで高い消火器を買ってしまう。

この「ほう」、完全に定着しましたね。店に入ると、店員がお酒はどうなさいますかではなく、「お酒のほう、どうなさいますか」と聞く。「ほうほう、そうですか」と控えめに突っ込むのですが、相手にはまったく響かず、「お勘定はレジのほうでお願いします」と来る。

これらはバイト敬語と呼ばれており、正確ではないのにとりあえず敬語に「聞こえる」のでよしとされている、妙な日本語です。これを社会人が使ったらどうなるか。

✲ 敬語の使い方

・書類はこちらのほうに用意いたしました。
（方角を指し示すならOK、単に「こちらに」を丁寧に言いたいだけなら不要↓書類はこちらに用意いたしました／書類はこちらでございます）

・連絡は明日でよろしかったでしょうか。
（一度聞いたことをもう一度確認したいならOK。過去形を使っているのは、前にも聞いたことを意味している。もし初めての確認なら、過去形を使うのは変↓ご連絡さしあげるのは明日でよろしいですか）

・サンプルはこちらになります。
（紆余曲折の挙句サンプルがやっと決まったという状況なら、状況の変遷を表す「なる」は正しい言い方。しかし、そうした経緯なく、単にサンプルを示すだけなら「なる」は不要↓こちらがサンプルです）

敬語には丁寧語と尊敬語と謙譲語があり、「行く」→「行きます」(丁寧語)、「いらっしゃる」(尊敬語)、「参ります」(謙譲語)と変化していきます。このうちよく使うのが謙譲語で、特にビジネスのシーンでは尊敬語を多用するのも慇懃無礼《いんぎんぶれい》といって馬鹿丁寧な印象を与えてしまいやすいため、「自分がへりくだる」ことで相手への尊敬を表すことが多くなっています。尊敬語と謙譲語の区別をつけておきましょう。

✻尊敬語と謙譲語の使い方

「三田様がお話しになります」(尊敬語のパターン……　お〜なる)
「私が席をお取りします」(謙譲語のパターン……　お〜する)
「うちの者が参ります」(参る……「行く」の謙譲語)
「どちらからいらっしゃいましたか」(いらっしゃる……「行く」「来る」の尊敬語)

また、ビジネスのシーンでは、「誰が何々と言っていた」と伝える場面が多いため、身内の話を取引先にするのか、取引先と決めたことを社長など社内の人間に報告するのかで敬語の使い方が違ってきます。

✲ 取引先に伝える

田中が午後3時には伺うと申しておりましたので、そのままお待ちくださるようお願いいいたします。

（取引先に行くのは田中という身内の者なので、謙譲語「伺う」「申す」を使う）

✲ 部長に伝える

○○社の吉川様が午後3時に我が社に来てくださいます。部長も列席のほどお願いいいたします。

（社に来るのは取引先のほうなので、「くださる」という尊敬語を使う。部長に対してお願いしているのは自分なので、「いたします」という謙譲語を使う）

経験豊かなビジネスマンが今さら間違えるとも思えませんが、新人ならそういう場面にぶつかることでしょう。本人は「敬語」だと思っているので、誰かが教えてあげなきゃいけない。

「先に上がります」

これはバイト敬語ならぬバイト挨拶。一人前の社会人なら「お先に失礼させていただきます」と言うべきです。もしくは「お先に失礼いたします」と。こんな時は、「そんな言い方、なってないぞ」という言い方では相手の反感を買うばかりだったりします。これまで誰にも注意されずにいたのなら、なお驚くだけで素直に直せないかもしれない。ここは少しひねってください。

「歴代トップは『一時的に保管していた』と釈明しましたが、それで済むなら泥棒も皆『一時的に保管していた』と言うでしょう。ふざけるなと申し上げておきます」

関西電力の経営陣が原発立地先から3億2000万円の金品を受け取っていたことが判明した時の、TBSの金平茂紀キャスターの言葉です。「申し上げる」という謙譲語もうまく使っていますね。丁寧に罵倒するという難しい芸を披露しています。敬語を使えるということは、品よく「罵倒できる」ことにもなるのです。

「朝まで生テレビ！」の田原総一朗さんもおみごと。

「あなたみたいな人がそんな手抜きしちゃダメだよ、ちゃんと説明しないと皆がっかりするよ、期待しているんだからさ」

と、罵倒しながらほめるという至芸を披露されているのです。

敬語を使おうという気持ちはくみつつ、まだ社会人の自覚がなっていないことを指摘しながらほめてあげてください。

言った、言わないを避ける

数字は言い換えて

「1時？　7時？」

「いや、1時です」

私の6人の弟子たちは伝え方にも個性があって面白い。まず、今どき何かというと電話してくるのがいて、電車に乗っている時は困ります。新幹線等ではデッキに出ての通話は可能ですが、普通は迷惑行為とされています。

「メールにしなさいよ」と言ったりするんですが、「いや、ちょっとお声が聞きたかったもんで」とかわされてしまう。うまいですが。

まあ、いつ何時にどこそこといった連絡はメールがいいよ、とはよく言っています。数字が残りますからね。よくあるでしょう、「11時」と「17時」を聞き間違えたりとか。

そういう間違いがないように、携帯電話では「11」と言わずに「ひとひとまるまる」と暗号のように呼び変える。自衛隊方式ですね。「17」は簡単です。「じゅうしち」ではなく「じゅうなな」。テレビ局の人などは特に正確を期して、「なな」と言っていますね。だけど「七回忌」は「しちかいき」、「七人の侍」は「しちにんのさむらい」です。これが言えるだけでプロっぽいですよ。

「人の噂もななじゅうごにち」と言った落語家がいました。こりゃ聞き捨てならない。おいそりゃ、「しちじゅうごんち」だろ、と。

7を「なな」ではなく「しち」と呼ぶのは、江戸言葉でしょう。「四十九日の法要」を「よんじゅうきゅうにちのほうよう」じゃ、おかしいじゃありませんか。あと、「よんじゅうおとこ」とかね。「四十男」は「しじゅうおとこ」でしょう。「忠臣蔵の四十七士」は、「よんじゅうななし」と読んだらおかしい。あれは「しじゅうしちし」です。「男女7歳にして席を同じうせず」は、たいがいの人が「ななさい」と言いますが、ななを「しち」と呼ぶから、江戸弁が香り立つのです。

言葉を文字に分けて情報を補足する

私の若い頃、楽屋の古老は東京・秋葉原のことを「アキバ」と言っていました。「アキバっぱらへ昨日行って……」とかね。秋葉原は、秋葉神社があるから、国鉄――今でいうJRの駅名にもなった。だから、今の若い子が「アキバ」と言うのは正しいんですよ。

江戸のなかでも、下町になると、「しち」と「ひち」が混乱するようです。

メールがない時代は、当人は「日比谷」のつもりでも相手は「渋谷」で待っていたというようなことがありました。「じゃ、日比谷公園で」と打ち合わせして、「渋谷の公園だな」と勘違い。

来ません。

こういう場合は、後で「あの時どうしたんだ」という話になり、まあ、どちらが悪いわけでもないので「しょうがねえや」ということになっていました。「次からは、日に比べる谷のひびやで」「野外音楽堂のある日比谷で」などと付け加える。そうやって、どうしたら正しく伝えられるか、工夫していく。失敗すると、成長しますな。名前を何度も聞き返されるような方は、自分なりの説明の仕方を持っているといいですね。アイドルの名で説明したりすると、世代が出ますから、今の人に分かるたとえかどうか見直して、必要に応じて更新していってください。

うちのかみさんは東京の大井町出身です。東京湾が近い。「あのあたりは、ひおしがりができる」などと言います。心の中で、「そりゃ『潮干狩り《しおひが》』だよ……」と笑っていると、「何がおかしいの？」と本人はきょとんとしている。まったく疑問に思っていないようです。

ふだんのおしゃべりならば、それも個性かもしれません。いちいち訂正するほうが野暮というものですね。

＊間違いのない、場所の伝え方

- 「総武線の秋葉原です」などと路線名を付け加える。
- 「さんずいの渋谷駅で」など漢字を説明する。
- 何通りかの説明をしてもらった後、要約する。説明をしてもらう立場なら、最後に自分から「こういうことですね」と確認する。

訓読みで漢字を翻訳する

漢字というのは、見ているだけでイメージがふわあっと浮き上がってくるような魔力があります。

『虚構の彷徨』。心中未遂を繰り返しつつ作家の業を追い求めた太宰治の短編小説です。いかにも行きまどっているような、それでいて高貴なしかつめらしさのある字画です。これを口でしゃべるとどうなるか。

「キョコウのホウコウ」

え？　巨峰の方向？　日本語は同音異義語が多いですから、聞き違いはもちろん勘違いしてしまう漢字も山ほどある。耳からだと「店主敬白」を……ずいぶん軽薄な店主なんだな、店大丈夫かと思ってしまうことも。二字熟語でもそうなのですから、三字や四字熟語はお手上げです。

落語は世界でも類を見ない話芸であり、江戸の昔から師匠が弟子に口伝えで教える方法がとられていました。少し足りない与太郎、何でも知っているご隠居、やけにお節介な熊さん、人のいい甚兵衛さんと面々がそろい、すべてを一人で演じ分けて、時には子どもの役もする。一人二役三役をこなし、座ったままで演技する。大ネタなら1時間ぶっ通しです。

今は動画を繰り返し見て、この時はこんな演技、と視覚で確認することもできますね。しかし私の時代は、師匠からの口伝えのみでした。テープはありましたが、メモなどしようものなら大変でした。師匠の査定を受けるため、息継ぎまで真似て稽古する。ちなみに山手線を1周すると、前座噺を3回から4回稽古できます。

仏教用語もこなれて聞こえる「浮世根問《うきよねどい》」

知識人といえば難しいことを言うと相場が決まっている。しかし、落語はどうでしょう。物知りは、たいてい横丁に住んでいる。表通りにはいないんですな。家が密集している裏通りの長屋にお住まい。町の人は何か分からないことがあると駆けだして行って聞く。「ああ、そのことだったらね……」と立て板に水で答えるご隠居はまあ40代。江戸の昔は平均寿命が50そこそこでしたから、40代といえばもう枯れて、縁側で骨董品の手入れをしたり書をたしなんだり。生き字引として、町内の人々に知恵を授けていたのでした。

落語「浮世根問」では、そんなご隠居のもとに、心配性で世話焼きの八五郎がやってきます。

「ご隠居、そこの伊勢屋さんで婚礼があるんですがね、婚礼のことを嫁入りっていうじゃないですか。ありゃどうしてなんでしょう」

「そりゃ、行くほうのお嫁さんに目が二つ、迎えるほうの男に目が二つ。一緒になるから『四目《よめ》入り』なんだよ」

「そりゃ目の子勘定だ。じゃ『奥さん』は」

「うむ、奥でお産をするから『奥産《おくさん》』だ」

「じゃあ、はばかりでお産をしたら『はばかりさん』か。うちは奥さんなんて言わない。かかぁってんだけど、どうして？」

「女というものは家から出て家へ入るから家々と書いて『かか』だ」

ほかにもがんもどきに裏表はあるのかなどなど、ご隠居の知識を試すかのごとく八五郎はどうでもいい質問をしつこく重ねていく。その中で、祝い事の松竹梅にはどんな謂れがあるのかなどの隠居の知識も披露される。なぜ婚礼で松竹梅かというと、梅はどう料理しようと味が変わらず、竹はまっすぐな男の気性を表し、松は落ちても二本の先がくっついていて夫婦仲を象徴しているからとか。

「ああ、あと鶴や亀なんかもありますよね？」

「うむ、鶴は千年、亀は万年、どちらも長寿のしるしじゃ」

「しかしご隠居、近所の金坊がこないだ縁日で亀を買ってきましたが、その晩に死んじまったんですよ」

「それがちょうど万年目だったんだろう」

無学者論に負けず、ご隠居は知恵で切り抜ける。しかしいささか無理が出てきました。

「鶴亀が死んだらどうなります」

「極楽へ行くだろうな」

「極楽ってどこにあるんすか」

「十万億土、西方弥陀《さいほうみだ》の浄土《じょうど》だ」

「西方ってえと?」

「西のほうだよ」

「高円寺か荻窪の辺り?」

「とんでもない、西の果てだ」

「西の果てってなどこです?」

「だからな……おまえのように人を困らせる奴は地獄に落ちるぞ」

「じゃ、地獄ってどこにあります」

「極楽の隣だ」

「じゃあ極楽は？」

「地獄の隣だ」

「地獄は？」

「極楽の隣だ」

（後略）


質問に質問を重ね、最後は極楽の場所まで聞こうとする八五郎。この作品は安永の頃から披露されてきた古典落語の一つで、どんなことでも人間は分かりきることがない、そして大方のことはなんとなく「分かったつもり」で過ごしていることを晒《さら》していくような噺ではないでしょうか。分かったつもりでいいのか悪いのか。しかし、あまり問い詰めないのが大人の世渡り、ということも諭しているように思います。

言葉の由来なども説明され、難しい漢字も多いのですが、噺では字を見せず、音《おん》だけで聞かせていきます。音読みと音読みを組み合わせた中国伝来の熟語――漢語がほとんど使われていないことに注目してください。「ショウチクバイ」など、耳で聞いただけでは一瞬分かりにくい熟語も、すぐご隠居が「松は、竹は、梅は……」と訓読みで分解していきます。もちろん我々もそれにならい、分かりやすく説明していきますよ。語る時は、八五郎を相手にするつもりで、できるだけ漢語は使わず、上手に訓読みで聞かせていってはいかがでしょうか。

ラジオ放送も同じです。テレビでは難しい言葉はテロップが流れますが、ラジオは聴覚だけが頼りですから、音だけから意味が取れるようにしているのです。

同音異義語は駄洒落に化ける

漢字に頼らずとも話が分かりやすくなるようにしよう、と述べたところで駄洒落が大好きだった兄弟子の話を一つ。「笑点」(日本テレビ系)の初代座布団運びでもあった桂文字《もじ》助《すけ》です。けしからんはけしからんくシナトラで、失礼千万が失礼旋盤工となり、よろしくとの言葉を聞けば、必ず森の詩もよろしくと亀屋万年堂を引いて割って入り、ちゃんとした傑作は、腹が数寄屋で目が丸の内、でありましょう。婚礼の司会が得意で大安友引ともなると大忙し、宴が捌《は》けると祝儀を懐に街へ出て、豪快かつ陽気に散財していた兄弟子です。

「レミーを持て」というのが口癖でした。当時、目の玉が飛び出るほど高かったコニャック、レミーマルタンを持ってこいという意です。文字助はどの店でもそれを言い、それがそっくり借金になっていきます。真打昇進、文字助襲名の興行も、借金は真打という看板で返してゆくのが普通なのに、文字助の場合は違いました。

一度、なじみの店が閉まっていて1枚の貼り紙がありました。

「勝手ながら都合により休ませていただきます。店主敬白」

「何か書くものはねえか」と文字助は私から筆ペンを受け取り、「てめえの都合ばかり並べやがって、客の都合はどうしてくれる」と貼り紙の余白に書き、店主敬白の「敬白」を消し、脇に「軽薄」と書きました。翌日には、誠にごもっともなことでと店主から詫びの電話が入ったそうな。

「いい口調でうまくって、キリッとしててね。この人だって賭けたんだけど、まさかこんな飲んだくれだとは」

文字助をそう評していた奥《ねえ》さんが、一人息子を連れてアパートから姿を消したのはいつのことだったか……。

「敬白」を「軽薄」と書き直せるのは、日本語の特徴である同音異義語が多いからです。同音異義語とは、発音がかぶって意味が異なる言葉のこと。それを重ねて使うのは「掛《かけ》詞《ことば》」といって、日本人が千年の昔からやってきた技法です。「から衣　着つつなれにしつましあれば……」と、京に残した妻を詠んだ在原業平《ありわらのなりひら》は、着物の褄《つま》と妻、「着慣れる」と「馴れ親しむ」を掛けている。妻に振られてしまった文字助と、最終的にはうまくいった業平。軽薄と敬白を重ねるのは業平ほど格調高くありませんが、格調高くない駄洒落が落語にどれほどあることか。落語家は言葉の妙を発見するその道のプロでもあります。

犬も歩けば棒に当たるといいますが、私が歩くとバー（BAR）に当たります。……酒好きの自己紹介に。棒（バー）とバー（酒場）が掛詞になっています。故郷は滑って転んで大分（大痛）県、山があっても山梨（山無し）県。教え上手な高知（コーチ）県。いくらでも出てきますな。えっ、くだらなすぎるって？　くだらないのがいいんです。聞き入らせるより、一発で笑わせる駄洒落をどうぞ。

コラム1

婚礼と葬儀のスピーチ

著名人でも3分が限界

プレゼンテーションなどで、相手側が聞くということが分かっていれば前置きは要りません。「ようこそお集まりくださいました、本日は……」と、すぐに入れます。我々だって、高座に上がればお客さんが耳を傾けるのが前提となっていますから、すぐに始められるのです。

ところがパーティだと、その前提が崩れる。立食式では特にがやがやしている。芸能人や著名人が出ていったとしても、3分もてばいいほうです。御馳走をいただきながら聞くのもしゃれていますが、日本人というのは、いいと言われてもナイフとフォークを置いてしまう。聞かないと失礼と思うからですが、じゃあ聞くかというと「早く終わらないかなぁ、このローストビーフおいしそうだなぁ」という欲でいっぱいです。

プログラムを組む方は、ピアノの演奏やカルテットといった、音楽関係の演目を前に置いてください。それも、誰もが知っているようなポピュラーな曲にして、「あ、この曲知っている」という中で、お客に飲食を進めてもらいます。ひと心地ついたところでゲストを呼ぶと、割合聞いてもらえるものです。

２０１５年に亡くなった月《つき》の家円鏡《やえんきょう》（八代目 橘家円蔵《たちばなやえんぞう》）は大変な売れっ子でしたが、そんな人でも、呼ばれて出ていくとザワザワしていました。円鏡はマイクに向かって「ヘークシュ」とくしゃみをし、会場中に轟かせていました。すると皆、なんだなんだ、となる。こっちを向いたなと掴んだところで小噺をやっていました。

ビートたけしもよくやるでしょう、ゴンと頭をぶつけて、マイクで違和感を響かせる。あれは、ぶつかっているのではなく、ぶつけているんです。

披露宴のスピーチなどでもし飲食時に当たってしまったら、短いインパクト芸をおすすめします。「おめでとうございます！」の大声一言で終わらせるのも、意表を突いているので芸ですよ。皆さん、お腹を空かせていますから喜ばれます。

祝辞は大げさなくらいがはまる

話し言葉は書き言葉と違い、口にするとすぐ消えていきます。だから、繰り返すとか、大きな声で言うとか、「やや過剰」なくらいがちょうどいい。やりすぎかな、というくらいで相手にやっと届く、と思っておけばいいでしょう。演じる側と見る側とでは、それくらいギャップがあるのです。人がたくさんいる会場では拡散し、薄まっていくのかもしれません。

型があるものは、それに乗ったほうがうまく行きます。落語の冒頭にマクラがあるのと同じ。結婚披露宴の祝辞で、ぼそぼそと「花嫁は才色兼備で」と言ったとしても、嫌みにしか聞こえない。朗々と、紋切り型の文句を言うのが「らしい」んです。内容も、しゃべり方も大げさにしてあげてください。そもそも媒酌人が嘘をついているわけですからね。「将来を嘱望された花婿」「花嫁は稀に見る才媛で」……えっ、誰が？

ある披露宴などでは、新婦の父親が酔いも手伝って「ふつつかな娘」を「ふしだらな娘」と言い間違えたことがあります。大失態ですが、笑って許されるのが披露宴です。間違いを恐れず堂々と行きましょう。

以前、結婚式で見事なスピーチをした方がいました。お開きの後、ロビーまで追いかけ、どんな鍛錬を積んだのかと伺うと、かつて大失敗をし、以降、悩みに悩んで勉強されたそうです。聞く人全員が共感し、感動するような蘊蓄《うんちく》を話しても、会場はガヤガヤしているばかり。もう、こうなったら、自分だけが知る新郎（新婦）の人柄を伝えよう。せめて新郎（新婦）のお人柄の一端を聞いていただこうという発想に変えたとか。そうすると、ゲストにとっては初めて聞く話なんですよ。「え、新郎（新婦）、そんなところがあったの⁉」と、グラスを置いて身を乗り出してきたそうです。オリジナルはやはり強いんですね。

スピーチ集には要注意

スピーチ集を参考にすると何が怖いかってのは、些細なミスです。

女形の某歌舞伎役者はインタビュアーに「あなたの質問のい、ずするところは……」とやったことがある。「意図《いと》」を「いず」と覚えていたんですな。

麻生太郎元総理は「みぞうゆうの大災害」とやりました。正しくは「未曽有《みぞう》」です。

ぶっつけ本番でスピーチすることはそうないですから、麻生さん、わざわざ間違って暗記したのでしょうか。それ以来、事務方がちゃんとルビを振るようになったとか。しかし、たいていの本はそこまで親切ではありません。読み方は事前に確認しておいてください。

そして次に困るのが、前の人とネタがかぶること。

そりゃ私たちだってかぶることはあります。が、それは事故のようなもので、前座さんが、誰が何をやったかネタ帳に記してくれているので、たいがいは避けられるのです。後に出る人ほどネタ数の豊富さを求められるわけで、噺を100席は覚えていないと真打にはなれないということになります。

ある披露宴では、スピーチをする人が円卓から逃げて、トイレに閉じこもってしまいました。後から聞いたんですが、スピーチ集で覚えた話が前の人とかぶったのです。「給料袋の話が同じで、もう……」と、半泣きに冷や汗。あるんですよ、「円満な家庭には4つの袋が大切。1つは給料袋、2つは胃袋、3つ目はおふくろ、4つ目は堪忍袋」というネタが。いわゆるベタネタです。

スピーチ集が全部悪いとは言いません。需要があるから出ているわけですから。しかし、常にかぶるリスクつき。万一を考えて2、3本は仕込んでおかれることをすすめます。そうすると、意外と度胸がついて、前の人と同じでも「円満な家庭で大切なのは、実は5つの袋……最後の1つはご自分で考えてください」などと締められるかもしれない。

同じ話でも、間の取り方によって味わいも違ってくる。それを聞いていただけるようになったら、プロの領域ですね。

まあ、結婚式も今はだいぶ個人的になりました。私は司会を1000組以上やりましたが、最近は半分くらいが仲人もいない地味婚。しかし、私の目から見ると、仲人夫妻がいない式というのは、今一つ締まりません。

「あそこの長男がだいぶいい年になっちまったんだけどさ、誰かいい人知ってる?」

「あ、あの娘さんはどうかな」

「年はいくつだい」

聞くとちょうどいい。つり合いが取れているっていうんで見合いをさせる。それが仲人です。「悪い話じゃないよ、会ってみようよ」なんてね。会えば情も移って話が進む。もめた時も、引き合わせた仲人が両家のことを知っているわけだから仲裁しやすい。もめなければ別に仲人は要らないわけですが、男女の仲はいつかは冷めるし、トラブルも起きるんです。ヒートアップした2人を仲人が仲裁してくれる。なかなか重要な役割なんです。

婚活は、現代の仲人みたいなものですな。法外な料金を取る業者は論外ですが、人と人とを引き合わせたくてしかたがない、「仲人体質」みたいな人がやってくれているなら、大歓迎です。

第2章 ✲ 落語家の下準備

相手の懐に飛び込むネタ集め

まずは情報収集から

落語の舞台はほとんどが江戸の下町です。狭い町内だから、誰が何をしているかぐらいはうっすら知っている。ビジネスシーンでも、相手のことは事前に調べて、話のネタを仕込んでおく。落語と同じで、ここが展開のカギとなります。完全に初対面だと、自分の人となりを知っていただくために10分はかかったりする。落語でいったら、一作品が終わる時間です。

「いいお天気が続いていますね。ご家族とどこかへ出かけられましたか」

緊張をほぐそうと雑談から入っても、「ひとり暮らしです」と言われてしまったり。こんなことにならないよう、相手の会社のホームページを見たり、ツイッターをチェックしたりして、最低限の情報を仕込んでおくことをすすめます。会社が今は東京だけれど前は地方にあった、といった場合は、その地方の名産や気候風土も掴んでおくと、話が広がるかもしれません。

婦人A「こんにちは、奥様」

婦人B「こんにちは」

婦人A「いいお天気ですね」

婦人B「ええ、いいお天気で」

婦人A「奥様、どちらへ」

婦人B「ちょっとそこまで」

婦人A「そうですか。お気をつけて」

婦人B「またね。さようなら」

私がいつも感心するのは、道ですれ違いざま交わす、女性たちの笑顔での挨拶です。笑顔は、私はあなたの敵ではありませんという表明です。「こんにちは」と言われたら「こんにちは」と返す。オウム返しですが、これも挨拶の冒頭には欠かせません。「いいお天気ですね」は、天候の話が何より無難だからです。「どちらへ」という質問は、あなたに興味があるということを示します。興味を持たれてうれしくない人はいない。しかし顔見知りではあるものの、そう親しくないので詳しくは語りたくない。で、「ちょっとそこまで」。相手も察して「そうですか」と返し、突っ込んで聞かない。企業人の場合も、骨子は同じです。相手に興味を持って下調べをし、しかし失礼なほどには突っ込まないようにします。

初めて会う方の名前が「かおるさん」のように、男か女か分からない時もあります。佇《たたず》まいをだいたい想像して行ったら、会って「ええっ」と驚いたり。でも、「ええっ、男だったの！」なんて言うのは失礼でしょう。何があっても、「はじめまして」とにこやかに頭を下げ、名刺を交換し、「今日はわざわざおいでくださり、ありがとうございます」と挨拶してください。そうして名刺に記載されている住所を見て、「あのあたりの街並みは、だいぶ変わったでしょう」などと話を広げる。

喫茶店なら、コーヒーが出てきて途切れる前に挨拶を済ませましょう。初対面の挨拶、時候の挨拶、相手の会社の誰かと知り合いであれば、その方のことを話したりして、「あなたの会社のことに興味を持っています」といった好意の表明をしてみてください。

「ご依頼ありがとうございます。ぜひお力になりたく思っています」

「望むところでございます」

……日本語は豊かですな。相手への好意を示しているうちに、コーヒーは来るものでございます。

テレビのギャグを自分のギャグに

テレビやYouTubeでもネタは仕込めます。特に、取り入れるのが上手なのが中高生男子ですね。先日も電車の中でテンポよく話していました。

男子A「俺の彼女ブスでさ、近頃は整形がどうのこうのっつってんだよ」
男子B「えっ、それヤバくない？　整形ってピアスとかと違うんでしょ」
男子A「だから気にするなって言ったんだよ。俺が好きなんだからいいじゃんって。おまえは人間の顔じゃないって」
男子C「何それ」
男子A「いや、間違えたんだ。人間は顔じゃないと」
男子D「ギャハハ、それマジ？」
男子A「いや、昨日見たテレビのギャグ」

これは、テレビのギャグをどう置き換えたら面白くなるかのお手本でしょう。まず、「テレビでこう言ってたんだけどさ」とネタバラシから始めない。自分のこととして語るんですよ。そうしてうまく相手を騙す。乗ってきたところで、元ネタを言う。まあ、「俺の彼女」でなくてもよかったんですけどね。

読書家の皆さんは、テレビというと馬鹿にすることがあるでしょう。しかし、30分のバラエティ番組で約1時間は収録します。面白いところだけをつないで編集するからです。この「つなぎ」の時、大切なのが間です。間髪入れずアドリブが入る、妙に間があいたところでとぼけたレスポンスが入る。条件反射でどっと笑い声が起き、タレントが全身で反応する。こうした「しゃべりの運動神経」みたいなものに反応できるのが若い人で、まだ役がつかない新人のタレントさんが多く出ているバラエティ番組は、格好のテキストだと思います。

自分は中高生でもないし、そんな若いタレントの真似なんてとてもとても……と悲観しないでください。笑いの反射神経は、運動が得意な人とそうでない人がいるように、向き不向きもある。ただ、馬鹿にしないで見ているだけでいいと思います。そして、切り返しのうまさに気づいたら、日常でそれができる部下なり友人なりを見つけてください。その人に突っ込み役をやってもらい、自分がボケ役を演ずればいいのです。

自分の特徴を棚おろしする

時間を区切って話すのが大切、とは第1章で述べたとおりです。見通しがつくからですね。

しかし、毎回時間通りに終わるとは限らない。3分こぼれたとします。すると時計を見て、

「今日のロスタイムは3分でした」

と呟《つぶや》く。うーん、面白いのか面白くないのか分からない。無理してでも笑ってあげなきゃいけないのかな、となる。

これが、サッカーの監督が呟いた場合だとしたらどうでしょう。

男子サッカーの岡田武史元日本代表監督は、チームマネジメントなどをテーマによく講演を依頼されるそうですが、終わりの時間から3分オーバーすると、時計を見て、そう呟きます。ものすごく受けるそうです。サッカーの監督ならではのオチでしょうね。

自分ならではのオチを発見して以来、岡田元監督は「笑わせなきゃ」「受けなきゃ」と緊張することがなくなり、かえってのびのび話せるようになったということです。そもそも元監督はサッカーの楽しさや面白さを伝えたいのですから、それだけで十分。そう思ったら、客はどんどん笑ってくれるようになったとか。

そうして、わざと3分くらい延ばして、時計を見て……。

「今日のロスタイムは3分」

必ずやるそうです。「またアレか」と飽きられたらどうするんだ、と心配されるかもしれませんが、落語だって300年の歴史の中でどれほど繰り返されてきたか。同じ内容でも、息継ぎやタイミングが毎回少しずつ違います。それを聞きたくて来ている人もいるかもしれないし、まだ一度も聞いたことのない人もいるかもしれないのです。

自分の飛び道具を発見したら、どんどん繰り返して、腕を磨いていってください。

「混んでるわね〜。なんでこんなに混んでるのかしら〜」

満員電車に乗っている時、そうオバさん客が言う。

その時、奥から「あんたが乗るからだよ」の声。

混んでいるのは他人のせいで、自分のせいじゃないと思っている人にキツい一言ですな。

実際にあった話らしいですが、乗り物の噺のマクラに使われるようになりました。切り返すところで客はくすっと笑ってくれる。定番ですが、何度やっても「同じ」にはならないのが、生のいいところです。

落語にみる東西文化

特徴がないという人でも、なくて七癖というくらいどこかしらはあるもの。たとえば方言などはどうでしょう。

落語によく登場する遊郭、吉原では遊女がいろいろなところから集まってきますから方言があります。彼女たちは、きれいな顔で、きれいなおべべを着ているのに、生まれ育ったところの言葉がひょいと出る。

「まんずそこへ座ってけれ」

それじゃあ艶消しだっていうことで、江戸時代、遊郭だけで通じる共通語、廓詞《くるわことば》ともいう里詞《さとことば》ができました。

「わちきはいやでありんす」

「そうしなまし」

あの言葉遣いは自然にできたのではなくて、つくったのです。現代でも、ほとんど共通語でしゃべっているから東京出身かな、と思っていたら友達が来ると急に関西弁になったりする人がいるでしょう。あれ、少し裏切られた気がしませんか。だから、お客に失礼がないよう、つくった。つくると、方言が出にくい。吉原へ行くと、そこで聞かれるのは江戸言葉でもなく、地方の方言でもなく、吉原の「里詞」。しかも女子しか使わない。

借金のカタに売られてきた子たちは、そうやって女子力を上げていったのでしょう。

落語の始まりは戦国大名のそばに仕えて話し相手を務めていた人たちで、中でも笑いやオチのある噺は武将たちが好んだようです。戦国の世が終わると木戸賃を取って披露する落語家が現れ、京都、大坂、江戸といった大都市で寄席が生まれました。江戸時代は参勤交代があったため、大名が東西の文化交流の役割を果たしていたといってもいいでしょう。たとえば「まんじゅうこわい」は江戸落語ならさらりとやりますが、上方落語は派手な大ネタになります。江戸落語は侍がよく登場し、上方落語は商人や町人が活躍します。しかし、内容は同じで町名だけ変えて東西の両方で演じられる噺もあります。娘が吉原に勤めていて……といったくだりがあるのは、江戸落語ならではでしょう。

人間のおかしみを古典から学ぶ

古典落語に「時そば」という噺があります。

屋台のそば屋で釣銭をごまかした男の自慢話を聞いた男が、では自分もとそば屋へ行き、店主の前で銭を数える。数え方にコツがあるんですが、そそっかしい男は勘定をしくじり、「いつ、むう、なな、やあ、いま何刻《なんどき》？　四つで。いつ、むう、なな、やあ」と余計に払ってしまう。客席が沸きます。分かっているけど面白い。同じ内容でも、ちょっとした間の取り方や仕草でおかしみが変わってきます。たとえ同じ落語家でも、同じ高座というのは二度とできません。噺は生《なま》ものなんです。

落語に与太郎ははずせません。バイプレイヤーとしていい味を出したかと思うと、「道具屋」「孝行糖《こうこうとう》」「かぼちゃ屋」「錦《にしき》の袈裟《けさ》」等、堂々と主役を張るのです。そして失敗するだけで、親不孝もしなければ、幽霊になって化けることもしない。かぼちゃ売りも、周囲から売るように仕向けられて売るだけですが、それでも与太郎の姿が見えないと長屋は大騒ぎになります。

「錦の袈裟」では、与太郎が町内の若い衆と吉原へ赴《おもむ》きます。総出で芸者を揚げて、錦の褌《ふんどし》で大騒ぎをしようという景気のいい話ですが、与太郎は皆と付き合いたくても、錦の褌がない。他の連中は質流れの錦で仕立てたのですが、与太郎は自分の分を回してもらえなかったのです。

「じゃ、和尚から借りてきな。狐の憑《つ》いた親類を助けてやりたい、錦の袈裟を掛けると落ちるって聞いたからと言って」

そう入れ知恵されて、首尾よく和尚さんから借り受けた与太郎。一斉に錦の褌一つになり、裸踊りを始めたから吉原のきれいどころたちはびっくり。中でも目立ったのが与太郎の締めた、立派な和尚の褌です。

「あの立派な褌は殿様のだよ。輪っかが付いてるだろ。あれは手が汚れるといけないので、くぐらせて固定するチン輪だよ」

花魁《おいらん》の一人がまことしやかに言い、みな納得、お殿様と勘違いされた与太郎は大モテに。他の若い衆は家来と思われてまったく相手にもされません。

翌朝、面白くもないその他大勢が与太郎の部屋に行くと、与太郎はまだ花魁と布団の中。

「早く、起きろ」

ところが花魁が与太郎にしがみついて放さない。

「おまえさんは、今朝帰さないよ」

与太郎、「いや、袈裟（今朝）返さねえとお寺をしくじる（和尚さんに怒られる）」。

ここで袈裟が和尚さんから借りたものであることがバレ、オチとなります。

さて与太郎は、殿様と間違えられていることを知っていたのでしょうか。それとも何だか分からぬまま身を任せていたのでしょうか。私は何だか分からぬままだったと思います。与太郎のキャラクターはズルくはないからです。ちゃっかりはしてますが。

「サゲ」とも言うオチは落語の命でさまざまな形がありますが、物事や立場が入れ替わるオチもあります。子どもが親に「初天神」に連れて行ってほしいとせがむ噺は、息子のおねだりを聞いているうちに親自身がすっかり夢中になって遊んでしまいます。息子が「こんなことなら、お父っつぁんなんか連れてくるんじゃやなかった」と嘆いて終わるのです。

このほか、「どんでん返し」や「謎とき」も、最後まで話を聞かせるコツになっています。

それにしても思うのは、初期の落語、つまり落とし咄と言った頃、与太郎は存在したのかということです。なぜ、どのようにして誕生して300年たった今も人気のキャラクターなのでしょうか。

失敗を通して我々に教えてくれているのだ、という説があります。酒でしくじるのも、酒が悪いのではなく、人間のダメなところを証明してくれるのが酒だという説と同じように思えますが、さあ皆さんはどうお考えでしょう。杉田水脈《みお》議員ではないですが、何しろ生産性はほぼゼロなのですから。

現代でも、ドジを踏むのに憎めない同僚や上司、先輩はいるはずです。職場の与太郎はおそらくマスコットなんですね。

落語がなぜ300年も生き残って、今や海外でも注目される日本文化のコンテンツの一つになったかを考えるに、要するに「失敗する話」だからではないでしょうか。自慢話は何度も聞かされるとげんなりしますが、失敗する話は違います。まして古典は、話の流れなんて、ファンならとうに知っています。

かつて「楽《らく》そば」という、いい風習がありました。十日興行の千秋楽に、ご贔屓《ひいき》から大量のもりそばが届けられるんです。真打への差し入れですが、出番の済んだ演者から順に啜《すす》っていっていい。ただし前座は終演まで手をつけてはならない。数時間後、やっと向き合える頃には、伸びるどころかベタベタ固まって、箸さえ入らなくなっています。

そこで一滴。やはり千秋楽ということで届けられた一升瓶を持ち、口を押さえながらタラランと数滴……。あら不思議、そばは一本一本ほぐれて、そこそこ食えるようになる。

空きっ腹の前座には、あれほど旨いものはなかったですな。

そんなふうに生きる知恵も身につくのが前座時代。師匠の着物を入れたカバンを電車の網棚に忘れてきたとか、前座時代のドジ話を楽しそうに語らない真打はいません。きっと、誰の心の中にも与太郎的部分はあるのです。

日常こそ鍛錬の場

言葉遊びは芸の基本

大して面白くないギャグでも、この人が言うとわっと受ける、ということがあります。

「隣の空き地に囲いができたね」

「へぇ（塀）」

一番短い小噺、線香が燃え尽きる間の「一分《いちぶ》線香即席噺」というやつですが、続けてやると効果があります。

「塀ができたってね」

「かっこいい（囲い）」
「いつできたの」
「さくや（柵や）」

これで客が笑えるのは、間の取り方の絶妙さに他ならない。そして、有名な小噺ですから、「隣の空き地に囲いが……」あたりで、来る客はもうピンと来ていて、笑う準備をしてくれている。いわば合意ができているんですよ。

そこで、どう間をもっていくか。

「へえ」の前で少し開けるか、畳みかけるように返事をするか。客の呼吸をみてやってください。

こんなのも、一分線香と呼ばれる即席噺です。

「台所どこにしましょ」
「勝手にしろ」

「九州の山に登ったよ」
「あーそー」

「坊さんが通るよ」
「ソウかい」
「2人通る」
「オショウガツー」

東海道新幹線のホームで女子高生が、
「こだまにもひかりにも乗り遅れちゃった」
「大丈夫、まだのぞみがある」

別に落語家でなくても、こうした練習はいつでもできる。人と話してもいいし、仕事の場で笑いの訓練はできないと思ったら、居酒屋で間合いを見計らって試してみるのもいいですね。うまい人は、メニューの羅列からも笑いを生み出しますから。

生まれつきうまい人もいるかもしれませんが、まあ、一般に、芸は磨くものです。間は、しゃべりの基本の基本で、だからこそ訓練すれば必ずできる。失敗したり、笑われたり、滑ったりして、磨いていくんです。談志はよく言っていましたね。言葉を出し惜しみするなと。口はタダだと。

いつでも磨ける質問力

いざという時に限ってうまくしゃべれない……という人は、案外、「いざという時」でなくて、ふだんのおしゃべりをないがしろにしているのかもしれません。家庭でまったく口を利かないとかね。プロは高座からおりれば寡黙、ということもありますが、そこへ行くまでどれだけしゃべり続けてきたか。

話したくともネタがないという人には、「質問」をおすすめします。60ページの「浮世根問」もおすすめですが、今ならヨイショも加えましょう。

居酒屋で、強面《こわもて》の上司と部下がいる何かの打ち上げの席に巡り合わせたことがあります。上司は孫が生まれたばかりのようで、「おめでとうございます」と祝福の嵐だったのですが、部下の前で甘い顔はできないとでも思ったのかムッツリ。

その時、「お孫さんの写真、お持ちですか」と聞いた部下がいたのです。とたんに上司はデレデレ。携帯電話を出して、待ち受け画面を見せる。それからは、「かわいい女の子ですねぇ」「いや、男の子だよ」「見えない」「かわいい」のヨイショ大会。

ここで気が利いているのは、「お孫さんの写真、お持ちですか」と質問した20代の男性社員と、「かわいい女の子ですねぇ」と言った女性社員です。就職試験でもそうですが、受けた会社に何の興味もないと、面接で「質問ありますか」と聞かれても、「給料はいくらですか」といった自分のことしか聞けません。子どもが生まれたと知って、「それはそれは」「おめでとうございます」なら誰でも言える。でも、「写真、お持ちですか」は一歩踏み込んでいます。上司は見せたくてたまらなかったんですねぇ。続く人が「男の子ですか女の子ですか」などと聞かないのもよかった。

「子ほめ」という落語のマクラに、私は高校生の頃、「赤ん坊を見たら女の子ですかと聞け」と教わりました。女の子と勘違いされてムッとする親はあまりいません。女の子のようにきれいな男の子、という意味にとってもらえます。逆なら大変です。「えっ、これが女の子だって。ひでえ、無慈悲だ。今のうちになんとかしろ」……は落語の合いの手ですが、そこまで言わなくても、親御さんを少々傷つけてしまうのは否めない。

「かわいいですね、女の子ですか」

見た目がどうあれそう言っておく。ヨイショにも聞こえない。この打ち上げで、社員たちは見事なチームワークを発揮しました。

お酒の席はネタの宝庫

落語会には必ず打ち上げがあって、本番が終わっても、ころっと眠れるものでもない。特に独演会では胃が収縮してご飯を食べられない。そこでアルコールを少しずつ入れて、途中から食べられるようにしていきます。

展開の多い噺や、走る場面では、本当に駆け出したりしないけれど汗をかく。2日独演会が続くと、太ももがパンパンに張ってしまいます。落語は案外、全身運動なのですね。だから、バナナ、おにぎり、サンドイッチ、うどん、そばなど、炭水化物をとるようにしています。時間のない時はバナナ1本かチョコレート1片。消化がよくてすぐエネルギー源になる。空きっ腹だと力が出ない。直前では頭が働かなくなりますから、2時間から3時間前が目安になります。そうして使い果たしたエネルギーを、アルコール摂取で補うんですな。たぶん、そう酒が好きというわけでもないんでしょう。それでも居酒屋に行くのは、大将の話を聞くのが好きだから、というのもあります。

たとえば長年の居酒屋通いで、こんなことがありました。

「しょうがないですね、やられましたよ」と大将。

「何、どうしたの」

和風の小料理屋風というか、刺身も鍋物もあり、カウンター席で大将と話しながら飲める、ちょいとしゃれた店です。

「このあいだ初めて来た客がいたんですがね……」

と、ショーケースを熱心に見ていた客の様子から始まります。

「この魚は焼いたほうがいいですかね。それとも刺身かな。大将、どうです」と客。出ていた魚は鯖《さば》だったか鯵《あじ》だったか。

「あ、両方行けますけどお好きなほうを」

「じゃ、こっちを炙《あぶ》っていただいて、こっちは刺身で……それから酢の物を1つ。おもて、寒いですねえ。まず熱いのを1本いただいて」

そうして飲みながら食べながら約30分。箸を運び、一通り手をつけ、

「大将、電話はどこにありますか」（当時は携帯電話がない頃）

店の片隅に大将は案内。客は10円玉を入れて電話をかけます。

「ああ、君？　いい店を見つけたんだ」（電話の話を大将は聞いています）

「君に食べさせたくてね。来られる？　あ、そうそう。じゃ、10分後に駅。迎えに行くから」

電話を切り、他の客に聞こえるか聞こえないかの小声で、

「大将。ちょっと女房、迎えに行ってきます。冷えてますから熱いの1本、付けておいてください」

「はい、どうぞ。お気をつけて！」

客は出ていき、待てど暮らせど帰ってこない。

無銭飲食です。

最後の「熱いの1本」が効いていませんか。料理を全部平らげていないこともあって、間違いなく戻ってくると思うし、奥さんにも味わってもらおうという優しさ、気配りもさりげなくアピールしています。食べ方をちゃんと尋ねて大将を立て、「これ旨いですね！」などと強調しすぎないのもいい。独り言のように、「旨い……」とぼそっ、ぼそっと呟くのがくすぐる。世辞を言いすぎない加減もいい。すべては大将を信じさせるための伏線、

段取りでした。

「あんまり見事なんで怒る気にもなれなかった」と大将。電話では聞こえないくらいの小声になったところもあり、他の客は、今どきこんな愛妻家がいるんだなあ、と感心していたとか。全員に見せていたのですからショーといってもいい。「10分」「駅」「君」とか、肝心なフレーズだけは聞こえるように言ったんですね。すこーんとやられました。見事なショーを見せてくれたのですから、お金を払ってもいいくらい、と大将。

携帯電話を思い出してください。面と向かって話されるより、電話でぼそぼそしゃべっている時のほうが、その人の「真実」「生活」が見えたりします。見えるような気がするだけですが。詐欺師は、そんな人間心理の綾を突いていました。その時は師匠の談志も一緒にいたのですが、さっそくマクラに使っていましたね。

大将と話している時、「いいね、それ!」とぱっと盛り上がれるのが居酒屋談議でしょうな。その場でメモしたりね。発想が脇から飛んできて、頭の中で合体するのが雑談のよさです。一方、会議は1テーマで話し合うからどうしても煮詰まってしまう。会議好きの人に有能な人がいた試しがないというのは本当のようです。

あの時の紳士はその後どうしているでしょう。無銭飲食で食べているのかなあ、でも街を変えなきゃいけないし同じ手は使えないし。過不足のないふるまいのあたり、ちゃんと勤めている人かもしれない。騙すスリルにはまって、上級者の域にまで達してしまったのでしょうか。――これを読んだらぜひ連絡をください。

さて、同じ「口を使う」からか、「食べる」と「しゃべる」はほぼ同義です。うまく食べられる人はうまくしゃべれます。だからか落語家は食べ物にうるさい。

生前、談志の師匠であった柳家小さんが我ら若手を東京・上野のそば屋に誘ってくれた時のこと。ほぼ満員のそば屋には、小さん師匠が先刻、鈴本演芸場で演じた「時そば」に酔いしれて駆けつけた客も少なからずいました。話し手の落語家も客も、そばを食いたくなるのが「時そば」です。当然、客の目は、小さん師匠の前に置かれた「そば」に注がれる。客に凝視されながら、扇子に見立てた箸で……じゃない、本物の箸で数本をすくいあげて一気に啜っていく小さん師匠。もり2枚が瞬く間に小さん師匠の腹に納まり、見ていた店の客（こうなると観客）から拍手が沸きました。それから小さん師匠はポンと勘定を済ませて外へ。

「人に見られてると味が分からねえな。さ、口直しだ。もう一軒行こう」

訥弁《とつべん》でもいい、本当に自分がしたい話をするのが話

「あの人、話がうまいね」というのは、ほめ言葉としてさほどでもない。本当にいいのは、「あの人の話、よかったね」という一言ではないでしょうか。

落語家も同じです。順調に段階を踏める奴もいれば、行きつ戻りつして遅いのもいる。1回稽古するとすうっと頭に入っていくのと、何度繰り返してもつっかえつっかえのがいる。でもね、後者の場合は、一度覚えると絶対忘れないんです。訥弁のスピーチがやけに耳に残るのと似ているかなあ。

故大平正芳《おおひらまさよし》元総理大臣（1910〜1980年）は、演説の前に必ず「あー」「うー」と唸り、国民から「アーウー宰相」と呼ばれるほどでした。まだ大蔵大臣だった頃、議員時代の談志はかわいがってもらっていましたが、借りた金を返しに行くと、利子がついていたそうです。

「えー、俺から利子取るの」と談志。大臣はあの口調で「アー、少しでも取らないと、ウー、君のプライドに障《さわ》ると思ってね」と呟いた。「大平さんはすげえ。利子を取って惚れさせるんだからな」と談志は唸っていました。

伝え方の核となるのが「何を」伝えるかです。どのように伝えるかより、まず中身が先

になる。2016年2月、待機児童を抱える母親のブログ「保育園落ちた日本死ね！！！」が大変な注目を集めたのを覚えていますか。「言葉遣いが乱暴」「敬語がなってない」といった批判もありましたが、そんなもの、女性活躍社会といいながら保育園に子どもを預ける環境がまったく整っていないことを喝破したブログのインパクトと比べれば、毛筋ほどの問題にもならない。そして、「匿名だから嘘かもしれない」（！）と本気で言う議員たちの声を「私も保育園落ちた」と言う親たちのブログが圧し、施政を動かしたことは多くの方の記憶に残っていると思います。

「気候変動のような大きな規模の問題に取り組むことは、楽しく、クールで、セクシーに違いない」

2019年9月、ニューヨークで行われた国連気候行動サミットの関連イベントで、小泉進次郎環境相がこう発言し、「公の場でセクシーとは何事か」「アメリカでは会議の場で使うこともある」などと論議を呼びました。

私に言わせれば、セクシーはどうでもいい。三輪記子《ふさこ》弁護士のコメントが核心を突いていると思います。

「何にびっくりしたかというと、あんなに中身のないことを堂々としゃべれる人が大臣になって国際会議に出てるっていうことに驚きを禁じ得ないですよ」と。

敬語の使い方やマクラで笑わせるコツなども本書では述べていますが、まず中身があることが大前提です。それがなければ、敬語だけきれいでもほとんど耳に残らない。そして、本からの受け売りではなく、自分ならではのオリジナル、中身を持つには、「保育園落ちた日本死ね」のブログを書いた方のように、常に問題意識を持つことが大切だと思います。

もちろん、このブログが書けたのは待機児童を持つお母さんだったから、ということもあるでしょう。しかし母親当人でなくとも、ニュースを見て、待機児童を抱える親の心情を想像してみることはできるはずです。そこから話を掘り起こしていってください。

真面目で不器用な男が花魁を射止めたわけ

落語「紺屋高尾《こうやたかお》」は、遊女の中で最高位の花魁に思いを寄せる男の噺です。

主人公の久蔵はしがない紺屋の職人。花魁道中で見た高尾太夫《だゆう》に一目惚れしてしまい、仲立ちの医師に「どうにかして会わせてほしい」と頼みます。花魁ですから、上がるには金がかかる。久蔵は3年間働いて15両貯め、ついに願いをかなえます。次はいつ来てくれるのか、と聞く花魁に、また3年間働かなければならないと告げる久蔵。そこまでして……と花魁は感動し、自分を女房にしてほしいと自ら頼むのです。

これは、平凡な職人がちょこちょこ通うのではなく、どかんと使うところが面白いのですが、なんといっても一途な恋心が聞きどころです。


「主《ぬし》、次いつ来てくんなます？」

男は医師にそう言われているから、「……あいあい」と答えます。

「いつ来るんざます」

「あいあい。あいあい」

「いつ来るんざます？」

「さ、さ、3年たったら来ます」

「3年？　永うござんす。他のお客はんは明日来るの明後日来るのと言いなんすに、なぜに主だけ3年」

「い、いや、なぜ……って、働いて金を貯めるんです」

「働く……」

「いやあの、すいませんあの、騙してました。いやあの、話ちょっと聞いてください。ええ、このまま黙って騙したまんま行こうと思ってたんですけどダメだ、そんな目でそんなこと聞かれるととても嘘はつけない……あれなんですよ、あっしは流山《ながれやま》のお大臣でもなけりゃ、若旦那でもない、紺屋の職人なんですよ」

「職人」

「そうなんです、実は3年前に花魁道中で初めて花魁を見て、一晩でいいから話をしたいって言ったら兄弟子皆に馬鹿にされて、うちに帰って寝ようと思っても眠れなくて、だんだん飯も食えなくなっちゃって、もう皆死ぬぞ死ぬぞって言ってたんですけどもう死んでもいいって思って、どうにでもなれって思ってたんですよ。そしたらうちの親方っていう人がとっても良い人で、3年働け、3年働いて15両貯めたら会わしてやるってそう言いましたんで、必ず会わせてくれるもんだと思って汗水垂らして懸命に働きましたええ。そんで、近所の医者を間に入れてくれて、会わせてくれたんです。ええ、ですからもういっぺん会いに来るためには3年働かなきゃならねんです。でも飛ぶ鳥を落とす勢いの花魁、3年経ってから来てみたって、必ずどっかに嫁に行ってるか落籍《ひか》されてるのは当たり前のこってす。ですから、今日は、初めで終わりなんです、そう思ったらもう悲しくて……涙が出ました。どうぞ、ご勘弁くださいまし。騙すつもりはなかったんですけど、こうでもしないと会えないと皆が言うもんで仕方がなく……ただあの、いや、騙しといてこんなこと言うのなんなんですけど、一つだけ頼みがあるんですが、おんなじ江戸の空の下です、生きてりゃどっかでまた会うこともあるかもしれません、そん時は一言で結構でござんす、目を見て、久さん元気って言ってもらえませんかね。それだけでいいんです。今度はその一言を頼りに生きていきますんで。ほんとに花魁、騙してすいませんでした」

「主、今の話、本当ざますか」

「ホントも嘘も、こんなことわざわざ嘘ついたりしやせん。ああ、この手を見てください……真っ青でしょ、毎日染物やってると、どうやっても落ちないんですよ。ほんとにすいません」

「あちきは来年3月15日に年が明けるんざます。その時は眉毛を落として歯にかね染めて、主のところにまいりんす」

「ま、ま、まいりんす……?」

「あちきは主の、女房はんになりたいんざます」

紺屋の証拠である、青く染まった指まで見せています。騙していたことを白状している誠実さがいいですね。2人はその後、晴れて夫婦《めおと》になりました。真面目な男ですから、結婚しても浮気もせず、こつこつ働いて家庭を築いていったでしょう。「久蔵はとてもキュート」なのだと大勢の女子が言います。「あれだけ一途に来られたら考えてあげてもいいわ」という感想も公演ではいくつもいただきます。

政権批判は伝統芸

2019年7月の「神田松鯉《しょうり》先生、人間国宝に」はビッグニュースでした。講談界は一龍斎貞水《いちりゅうさいていすい》先生とともに、2人の人間国宝を擁することになったのです。一人も出していない浪曲界には衝撃が走ったそうな。調べたところ、浪曲は重要無形文化財の対象ではないんですね。落語や講談が対象とされているのだから、文化庁の線引きは明らかにおかしいでしょう。

こんなふうに、政府はおかしい、お上はものが分からないと始めるのも、話の糸口を掴む手段です。今なら、「安倍が悪い」がウケます。誰かが何かを愚痴ったら、必ず「安倍が悪い」と合いの手を入れるのです。愚痴は何でもいいんですが、これ、皆言い出すと面白いですよ。別に、安倍晋三氏に個人的な恨みがあるわけではありませんが、落語はもと

毎日新聞出版　愛読者カード

本書のタイトル「　　　　　」

●この本を何でお知りになりましたか。

1. 書店店頭で　　2. ネット書店で

3. 広告を見て（新聞／雑誌名　　　　）

4. 書評を見て（新聞／雑誌名　　　　）

5. 人にすすめられて　　6. テレビ／ラジオで（　　　　）

7. その他（　　　　）

●どこでご購入されましたか。

●ご感想・ご意見など。

上記のご感想・ご意見を宣伝に使わせてくださいますか？

1. 可　　2. 不可　　3. 匿名なら可

職業	性別 男　　女	年齢 歳	ご協力、ありがとうございました

郵 便 は が き

料金受取人払郵便

麹町局承認

1763

差出有効期間
2022年1月31日
まで

切手はいりません

102-8790

2 0 9

(受取人)
東京都千代田区
九段南 1-6-17

毎日新聞出版

営業本部　営業部行

ふりがな	
お 名 前	
郵便番号	
ご 住 所	
電話番号	(　　　　)
メールアドレス	

ご購入いただきありがとうございます。

必要事項をご記入のうえ、ご投函ください。皆様からお預かりした個人情報は、小社の今後の出版活動の参考にさせていただきます。それ以外の目的で利用することはありません。

もと庶民のガス抜きであり、反権力の象徴でした。そこで庶民が溜飲を下げていたという歴史があります。

町人の首が飛ぶか、侍の首が飛ぶかというスリリングな噺に「たがや」があります。で、舞台は両国の花火大会。橋の上は大変な人出で、花火が打ち上がるたびに、「たまやー」「かぎやー」の掛け声が上がります。そこに通りかかったのが馬に乗った侍。やはり通りかかったのがたが屋――桶を締めるたがを作る職人ですが、見物人に押されて馬のほうへ転び、転んだ拍子に伸びたたがで侍の笠を飛ばしてしまう。たが屋が謝っても侍は聞かず、手打ちにすると言い張る。家来が刀を抜いて切りかかってきますが、たが屋は体をかわし、こうなると武士と町人の戦いに。別の侍が加勢してやはりたが屋に切りかかりますが、欄干に刀を食い込ませてしまうというヘマをやる。町人がかたずを呑んで見守る中、たが屋は刀を欄干から外して横に払う。そうして次々に家来をやっつけ、いよいよ笠を飛ばされた侍との対決になる。

結局首が飛ぶのですが、たが屋の首が飛ぶのと侍の首が飛ぶのと2つのやり方がありま す。どちらかの首が夜空にスポーンと飛んだ瞬間、無責任な見物人が揃って「たーがやー」と声を上げ、それがオチとなります。私はリアリティを重んじ、たが屋の首を飛ばします。馬に乗るほどの侍が、職人より弱いはずがないと考えてです。

江戸時代、身分の低い者が無礼を働けばその場で切り捨ててよいという、「切り捨てごめん」「無礼打ち」なる特権があったのです。実際にどれくらいの町人が切って捨てられたかは定かではないのですが、落語に残したのは、刀を持つことが許されなかった庶民の、せめてもの反抗だと思います。武士はいなくなりましたが、庶民の精神はいまだに落語に息づいているというわけです。

場の雰囲気を左右する声の力

声がよく、しかもドスの利く議員がいます。共産党の宮本岳志《たけし》さんです。残念ながら今は〝浪人〟ですが、近いうちにきっと返り咲いてくれるでしょう。

彼は追及の手を緩めず、畳みかけるようにして与党を追い詰めていく。しかも理詰めで。「いい声だなあ、講談をやらせたら見事だろうなあ」と常々思っていたのですが、ある日、高座が終わった後、楽屋にご本人が訪ねてこられてびっくり。「いい声、間だ」という私のツイートを読んでとのことでしたが、落語ファンということもその時初めて知りました。桂米朝、桂枝雀の独演会を夫婦で欠かしたことがないというほどとのこと。

ご挨拶をして、当人の肉声をあらためてほめると、「声をほめられたのは2度目です」と彼は言います。

「最初は家内の母です」

まだ交際期間中のこと、デートの誘いで電話をかけると、お母さんが出る。相手がいなかったりすると、お母さんと世間話にもなる。

「宮本君、娘と付き合ってくれてありがとう。あなた、いい声しているわねえ」

ほめられたのはトーンだったか耳触りだったか。そうして彼は恋を実らせます。携帯電話がなかった時代ですから、かなり前です。それから今に至るまで、声をほめられたのが私を含めて2人しかいなかったというのは……。質疑が見事なので、声のよさに気づかなかった（内容がいいと思っていた）というのもあるかもしれません。電話なら、内容もですが、何より声の印象がずば抜けますからね。こうした、家族との声のやりとりは、〝イエデン〟のいいところでしょうね。

僕らはもちろんそうですが、人前で話すには声を鍛えたほうがいい。声を鍛えるというと腹式呼吸や、アエイウエオアオ等の発声練習が思い浮かぶかもしれませんが、歌手や役者はともかく、僕らはネタを繰り返すことそのものが訓練です。楽屋でしゃべって、高座で三席しゃべって、次の日声がガラガラ。三席はやりすぎたなあ、いや打ち上げでしゃべりすぎたんだろって……。たまに、「金出ねえとこでしゃべってもしょうがないだろ」と、寡黙な者もいますが、そこに来るまでにどれほどしゃべってきたか。高座の前、機会があれば楽屋を覗いてみてください。よくしゃべるなあ、舌が回るなあ……と感心するはず。あれは活舌の調子を確かめたりして、本番への準備にしているんです。たまに「あーあー」と発声練習していたりする者がいると、談志は「うちでやってこい、トーシロ（素人）じゃあるめえし」と怒っていましたね。

和尚さんが読経前に発声練習していたら、ガッカリします。それと同じでしょうか。落語家の声は、100人くらいの会場なら最後列までマイクなしで届くでしょう。ですから、スピーチの原稿でも何でも、とにかく繰り返して練習する。うつむかず、正面を向いて声を発する。声帯も鍛えられていくはずです。和尚さんは仏様に向き合ってお経を唱えますから、列席者に背を向けた形です。それでも朗々とした声が一人ひとりに届く。冗談が出るわけでもなし、全員喪服で、晴れやかさもない。にもかかわらず、何か伝わった、という気がしますね。仏様と現世の人との究極の橋渡し、伝達がなされているんです。

「いいお葬式だったわねえ」と言う時は、たいてい和尚さんの声がいい。太く、ゆったりとして、大きい。冒頭はしめやかに少しずつ上げていくといったテクニックも見事で、故人を送るのにふさわしい演出と言えますね。

一般の会葬者が帰ったあと、「身内だけでおじいちゃんを送りたいから」と葬儀に呼ばれたことがありました。「うちの親父は落語が好きでしたのでぜひ一席やってください」と。死人が主役という落語「らくだ」をやらせていただきました。笑いが起こっても、全員喪服です。90代でお亡くなりになったのですから、おめでたいとまでは言いませんが、大往生でしょう。

100歳のおばあちゃんのお通夜に出た時は、参列した土地の風習なのでしょうか、お赤飯が出ましたね。上には金ゴマがかかって、おめでたづくし。つまり、死への概念だって悲しさばかりとは限らない。何十年も介護してきて、ほっとしている家族だっているかもしれない。「いい人生でしたね」「ご苦労様でした」「お疲れ様でした」……そんな言葉も聞かれたいいお通夜で、悲しみの中に安らぎがありました。

コラム2

落語と政治と経済と

非正規労働者は「夢のない前座」か

安倍政権がアベノミクス下の経済政策として、最低賃金は一律にし、時給1500円と打ち出したのは2016年のことです。

妻がパートタイムで月25万円稼ぐ家庭をモデルとすると、フルタイムなら1500円の時給が必要になってくるという訳です。話題になってから3年たちましたが、世論調査を見ると、景気のよさを大方の人が実感していない。税金やら保険料やらを引くと、たとえ月25万円でも手取りは17万円くらい。これが家族のいる働き手だったらどうなりますか。安倍さんの言う「最善」をもってしても、一家が食べていくには十全ではないのです。

実は、前座の境遇がそれくらいか、それ以下といったところです。「二ツ目になれば」「真打になれば」という夢がなければ続けられないかもしれません。そうした修業時代は落語の学びの場になっていきます。二度三度失敗すれば怒鳴られるけれど、一度なら許してもらえる。どんな落語家もそこを通って真打になりました。

ところが非正規雇用で時給1500円とすると、それ以上でも以下でもない。ボーナスもなければ退職金もない。ずっと前座をやっているようなもので、将来どうなるかという見通しもない。そんな状態でどうにかやってきたという「歴史」もない。ですから防御策は「カネを使わない」ことしかない。安心できる方法が他にないんです。昇給の見込みがあるのなら時給1000円や1500円でもいいかもしれないけれど、先行きが不透明ですから、子どももつくれず、車ももちろん手に入れられず、祝儀不祝儀も出せなくて、結婚式にも行けなければ、葬式にも行けない。お年寄りなら孫に小遣いも渡せない。食べて、働くだけの生活です。私には、「人付き合いするな」「娯楽を諦めろ」と言っているのに等しいように思えます。

「叩いたら叩き返せ」のコミュニケーション

人付き合いするな、娯楽を諦めろと言われたら、こうした本を買う必要もないですね。図書館で借りますか。落語のCDや映画のDVDも図書館で借りられます。それは我々の目の前から客がいなくなるということです。芝居や落語は絶対、生がいいですよ。

「落語は人間の小ささを大切にする。始末の悪さ、愚かさを語る。人間の業《ごう》をそのまま肯定してしまうところに、落語のものすごさがある」

そう語ったのは談志ですが、今の弟子の入門の動機にもしばしば見受けられます。「いじめられ、引きこもっている時に落語を聞いたんです。出てくるのがダメ人間ばっかりじゃないですか。あ、僕も生きてていいんだと思って……」と。

私自身、落語を演じながら励まされたりしてきました。これでギャラをもらっちゃ悪いって……もらうけど（笑）。働いたらそんな娯楽も楽しめる、その前提が崩れている。若い時は大変でも、年寄りになったら楽しめるかというと、金融庁の金融審議会市場ワーキング・グループは「老後は2000万円の貯蓄が必要」として、その前提すら崩しました。

報告書が発表された2019年6月初め、我々のよく行く御徒町の居酒屋がすかすかになっていました。いつもは大勢のサラリーマンが飲んでいて、プロジェクトの打ち上げやら激論やらで盛り上がっている賑やかな店です。

「どうしたの、これ」

「2000万円貯めろなんて言うからだよ。いずれ閉めるからせいぜい通ってよ!」

店主は怒っていましたね。金融庁の報告書が明らかにされて以来、ぴたっと客足が止まったと言っていました。食材費や運送費、ビールの仕入れ値も高騰していて、安さで売っている店は値上げもできない。バイトの時給も上げてやりたいけれど、できるわけがないのです。

客のいない静まりかえった店は、覇気がない、情報が入ってこない、励ましや叱咤をしてくれる人もいない。新入社員を取らないとか、バイトを雇っても1人とか、店の規模がどんどん縮小していきます。それは、頭が働かなくなるということにつながります。お客や同僚たちとのかかわりの中で、どうしたら人が喜んでくれるか、説得できるか、察したり努力したりするから脳も活性化する。給料が上がらないとか部長がどうだとか共通の話題も出て、慰められたりして、働く張り合いも生まれる。お金も人もモノも動かないとなると、世の中はどうなっていくのか……。これからはコミュニケーションの方法も変わっていくかもしれません。

劇作家の鴻上尚史《こうかみしょうじ》さんがうまいことをおっしゃっていました。よく「炎上」が話題になるけれど、安倍さんをヨイショする芸人のツイッターは一度も炎上したことがないと。沖縄・辺野古の基地問題もそうですが、安倍さんを批判したタレントが叩かれるという図式があります。ネットはただですが、炎上には人数が必要。炎上させる保守派、つまりネット右翼「ネトウヨ」に安倍応援団がどれだけたくさんいるかという話ですが、逆に、ネトウヨが叩き始めると擁護する応援団も出てきます。応援団と応援団の戦い。これが、ものが動かなくなった時代の、新コミュニケーションとなるのでしょうか。

談志が亡くなったのは2011年。いい時期だったかもしれないです。談志がツイッターをやっていたら連日炎上、それでも絶対に謝らなかったと思います。

政治家と落語家はかくも相性が悪いものですが、戦争の時は、戦意高揚のために作られた落語がありました。隣の若旦那に召集令状が届き、番頭や使用人が酒2本を買って祝う、「出征祝」といった国策落語です。なぜ2本かって？ そこは落語ですから「日本（2本）勝った（買った）」と掛けて……く、苦しすぎる。国策落語はどうしても、違う意味で笑ってしまいます。

五代目古今亭志ん生（1890～1973年）はそんな国策落語をやらされるのが嫌さに満州（中国東北地方）に逃げてしまいました。好きな落語ができて、酒もあるというのがその理由です。師匠の羽織を質に入れて出入り差し止めになったり、「お上《かみ》なんのその」という男で、親の死に目にも会わず、大いに酒を飲みつつ、芸の道を邁進しました。落語はやはり、戦争よりもバクチや酒、吉原のほうがしっくりきます。

熱中症も出る国の暑さ対策が「自己責任」って⁉

話は現代の政治に戻り、老後資金2000万円がないのは「自己責任」でしょうか。ある年の夏休みに、「子ども食堂で一緒にカレーを食べました」とツイートした議員がいました。「子ども食堂はなくてはならない存在。関係者の努力と協力に本当に頭が下がります」との言葉を添えて。どこまでズレているのか。子ども食堂を前にしたら青ざめるのが普通でしょう。子どもの貧困は、政治の貧困がもたらしたものなのですから。

「自己責任」は施策の放棄です。

　２０２０年に開催される東京オリンピック・パラリンピックの組織委員会からは、観客への「自己責任」を求める声がついに出ました。猛暑を想定したミストシャワー（噴霧器）実験で、熱中症リスクの目安となる暑さ指数（ＷＢＧＴ）が「危険」の水準をオーバーしてしまったからです。さらに、都内会場で配付された保冷剤等の効果も薄いものでした。

「連日の猛暑です。熱中症で搬送された人の数は……」とテレビやラジオは毎夏、放送しますが、決して「２０２０年のオリンピックが危ぶまれます」とは言いません。民放はスポンサーへの気兼ねからだとまだ分かりますが、ＮＨＫはなぜ？　政権への忖度でしょうか。

　会場へのペットボトルや日傘の持ち込みが検討されているといいますが、それでは持ち物検査に時間がかかるでしょう。「辛抱強く待つ皆さんには頭が下がります」とほめてもらえそうですが、その間に倒れても、「自己責任」とされそうで怖いです。

第3章✲いざ、登壇！

黄金の構成パターン

マクラは「余計な話」ではない

落語はまず、本題に関連付けた世間話から始まります。「マクラ」といい、和歌の冒頭につく5字の「枕詞《まくらことば》」が由来とされています。

テーマが決まっているビジネスセミナーなどでは、聴講者は「こういう話が出るだろう」とだいたい見当をつけてきます。ところが、講師が芸能人の話などから始めるので、意外な展開に驚きます。これがマクラの効用で、予想がついているからこそ「意外」なんですね。

つまり、予定調和と意外な展開は、相反するものではなく、ワンセットなんです。

「小児は白き糸のごとしと申しまして、生まれた時は真っ白な糸みたいなもの、大人によって赤にも黒に染まるもんでございます……」と落語は始めます。客は「これは子どもの噺だな」と見当がつきますし、次の出番を待つ落語家も、似た噺がかぶらないよう準備できます。

立川談志は、そのマクラを「近頃のガキはよ」と始めたものでした。「ひでぇ親だなあれは。母性ってのは本能じゃないんだな」と母親論にまで展開し、最後に「信じちゃいかんのです母性を」と常識を引っくり返すような締め方をする。さらに内容そのものも、時事ネタや身辺雑記、選挙の落選当選にまで及んでいました。落語家自身の人間観察や思想とからめて本題に入っていく方法は、談志が最初で、それから皆が真似するようになりました。

予想や期待を起こさせるマクラがある一方で、聞いていても予想がつかないマクラもあるものです。客はまるきり何が来るか見当がつかない話に付き合う。子どもが出てきたと思ったら、「え、母親の噺なんてあったかな」と焦る。客を惑わせて、次第に緊張感が高まってくる。予定調和の親切か、何が来るか分からないサービスか。自分ならどちらにするか、ぜひ考えてみてください。どのみち完璧などありません。だから「次こそ」と挑戦したくなるのです。

ネタとマクラの組み合わせで時間調整

何人かで講演するセミナーのような場合、出番が中盤に近ければ、もう聞く雰囲気はできています。我々は客席が「あったまっている」という言い方をしますね。その場合、マクラは短くていい。極端な話、大トリで出ていくような時なら、一番言いたいことから入る。我々なら台詞から入ってしまう。マクラを取っ払った分、中身をたっぷりやれます。ふだん台詞ははしょっていたりすることもあるんですよ。ああ、ああいう部分もあったんだと、お客にフルバージョンを味わってもらえる。

私も、最初に教わった時は長かったのだけれども、何人かに挟まれてやる時は多少はしょり、「後がまだ来ていません、少し引っ張ってください」と頼まれたら長いままやったりします。あと3分引っ張るならこれを入れてとか、だいたい分かってくるんですよ。はしょればほぼ1分、よし20分で収まると、体内時計で把握しています。

ネタとマクラの組み合わせをいくつか用意しておき、必要に応じてマクラを長くしたり、はしょったりできるようにしておくと、ネタそのものがさほどなくとも融通が利きます。時間どおりにぴったりできない、という時は「短め」がいいでしょう。1分くらい、短い分にはいいんですよ。後の人が長くできます。こっちが長くやると迷惑をかけてしまいますから。
とはいえ落語家のように、同じ噺を繰り返す職業は少ないでしょう。会社でする場合も、毎回ネタが違うわけです。けれども、数字で示すところが大事、など、ポイントは共通するはず。大事なところからポンと始めるか、前置きして真ん中に持ってくるか、いろいろなパターンを試してみてください。この話はどうしても15分かかる、持ち時間に合わないというような場合でも、結論から始めると2～3分は短縮できるとか、順番を替えるだけで変わってきます。同じ内容でも、くっつけたり離したりすることで、お客の食いつきが違ってきますから、大勢の時はこのパターンがいいなどと、コツがつかめてきます。
さて、マクラから続く本題には、次の型があります。

プレゼンテーション型　「意見」→「理由」→「事例」→「まとめ」

自分の意見を言い、なぜかを言い、それによって成功した事例を紹介し、最後にまたまとめる。日常会話でも使える。
意見「あの店のカレーは目が覚めるほどの辛さなんだ。昼に食べると午後の仕事もがんばれるよ」

理由（情報付きデータ）「20種類以上のスパイスを使っているらしい。インドでしか採れないものもあるんだって」
事例「平日の夕方に行列ができることもあるらしい」
まとめ「それで1000円でお釣りがくる。毎日行くのも分かるでしょ?」
つい、「へえ、どこ?」と言ってしまいたくなりますね。

逆三角形型　「結論」→「説明」

新聞型ともいわれ、大事なことや結論から書き出し、後で説明するスタイルです。ビジネスシーンでは結論だけ聞いて説明は後、ということも多く、リードや見出しだけ頭に入れておく、忙しい人の新聞の読み方とも共通するものがあります。
これは社の報告を5分でする「ミニスピーチ」でも応用できるでしょう。社員全員の前で訓示するだけが「スピーチ」とは限らない。大人なら、いつでも発言の場はあるものです。
「部長、昨日ご連絡をいただいたA社なんですが、田中さんによれば、1課の課長と2課の部門長と3課のチームリーダーで意見が分かれたそうなんです。ただそれぞれの課に我が社から助っ人を派遣してもらえれば注文してくださるそうで、となると来年の3月までに××の200個納入は可能かという話になって……」

日本語は、文法上、述語は最後に来ます。「今日は午後3時に行きます」か「今日は午後3時に行きません」か、最後まで聞かないと分からない仕組みです。早く結論を知りたい向きにはイライラすることもあるでしょう。そこで、日本語の特質をふまえたうえで逆にします。

「部長、A社から受注が入りました（結論が先）。納期は来年3月まで。条件はこちらから3人、助っ人を派遣することです（要点）。私はチームリーダーとしてぜひ受けたく思います。A社によれば、稟議では意見も分かれたそうなんですが、田中さんが説得してくださり……（説明）」

部長は、詳しい説明よりも決まったか決まらないか、納期はいつかを一刻も早く知りたいと考えるのが妥当です。このように、相手が何を欲しているかを想像して優先順位を決めていきます。

比較対照型

「Aという商品はすごいですよ」と単独ですすめるのではなく、「使った場合」と「使わなかった場合」、「A商品」と「B商品」というように、比較してよさを打ち出し、説得していきます。感情ではなく論理での推奨なので説得力があります。

営業テクニックとしては、A商品とB商品を比較して、どちらがいいかお客に決めさせる方法がありますね。なに、どちらでもかまわない。AでもBでもその社の製品なのですから。実はCやDという選択肢を断《た》っているという仕掛けもあります。お客は「選ばせられている」ことに気づかず、自分で選んだ、という認識を持てます。

家のような1億円、2億円するものはノリで買うことはできませんが、洗剤とか化粧品とか、さして懐の痛まない物ってあるでしょう。日用品ならどのみち買わなきゃいけませんから、それならB社の商品より、うちのを買ってもらおうってことになる。それにはどうするか。フーテンの寅さんがうまいですよ。

寅さん「おい、どうしたい。そんな万年筆抱えて」

男「実は万年筆会社が倒産しまして……。退職金もなく現物支給なんです（泣）」

寅さん「そら大変だったねえ。どら、見せてみろ。おや、書けるじゃないか。いや、書きやすい。いいなこれ」
ここで客が集まってくる。
寅さん「ほら、書いてみろ。いいよな。買ってやらなきゃかわいそうじゃないか」
男「ありがとうございます。一流メーカー品ですから、物は本当に確かなんですよ」
寅さん「1本いくらだい」
ここで何円だろうが、飛ぶように売れます。「泣き売《ばい》」という手です。確か映画の中では船越英二が万年筆を売り、客を演じたのが渥美清と浅丘ルリ子でしたね。

両面照らし合わせ型

よその国を悪しざまに言うヘイトスピーチが盛んです。時には、その国をほめたたえる本や動画、映画も見てみましょう。物事は「表」と「裏」の両方から見てやっとバランスが取れます。ネット時代では、自分が好きなものばかり検索していると、上にあがってくるワードが、そもそも自分の関心あるものばかりになっていきます。そこで、たまには、まったく関心がないものも検索する。ネットでは難しいですが、紙の百科事典や辞書なら、ふだん無縁のワードや事象を探すことができます。

良い面と悪い面、両方に目を向けて検討してみると、話のネタが広がっていきますし、新たなアイデアも湧いてきます。

時には基本から外れて

結論は取っておく

「納期は来週の水曜日になりました」

なぜ水曜日になったかは二の次。とにかく結論を最初に言うのがビジネスの基本です。

しかし、プライベートでは結論が後になることもありますね。「飲みに行こう！」と誘われたけれど、いつまでたっても世間話やら何やらが終わらない、ということありませんか。いったい何の用だったんだ、と思うところ、

「じゃ、明日の打ち合わせは任せたから」

なんて、大事なことをちょろっと言う。それを言いたかったのか！　早く言ってくれよ！　相談や悩み事は、口が重くなるもの。酒の力を借りて、最後にようやく言える、というところでしょうか。

聞くほうからすると、こういうことがあるから、何も話がなさそうでも油断なりません。同じ内容でも、主題をいつ言うかは、重大な選択です。最初に明かすか、最後まで取っておくか。アメリカのドラマ「刑事コロンボ」は、被疑者が安心した瞬間、たとえば去り際に「あ、最後に一つだけいいですか」と言いながら、さも思い出したふうに、とってきの質問を投げかけます。初めに発していたら、警戒して、ボロを出さなかっただろう間合いです。古畑任三郎《ふるはたにんざぶろう》がこの手法を取り入れていますね。

「そいじゃまた来ます。あ、一つだけいいですか」と呟く。「一つだけ」というのが、話を引っ張り出すキーワードです。

一つだけでいいのか、と油断させておいて切り込むのは、古典といってもいい手法ですが、21世紀のテレビドラマでも相変わらずやっているということは、もう黄金律といっていいでしょう。皆さん、最後まで話は油断しないで聞いてくださいね。

あえて毛色の違うものをぶつける

バラエティを例にすると分かりやすいのですが、素人に任せると、ずっと笑いが起こっているような偏った構成になりがちです。わっと場が沸く、それからシーンと静まり返る、ほろっとさせる……さまざまな感情のうねりを起こさせる構成にするのがプロでしょう。

「まんじゅうのあとにぼたもちを出してどうする」

昔の落語家はうまいことを言っていました。両方甘いんじゃ飽きる、間に1本、色物を挟まないと。それなら新鮮な心地で笑えるだろうという意味です。

話し相手自身も飽きないよう、今日は落語風昔話、明日は講談風、と変えてみてはどうでしょう。昔話は、「おじいさんは山へ芝刈りに、おばあさんは川へ洗濯に……」という文句から始まります。実は、おじいさんはお父さん、おばあさんはお母さんのこと。昔は寿命が50いかず、子どもを持つような年齢になると、老人といっていいほど老け込んでいました。そして川へ洗濯に行くおばあさんとは、母の愛が海より深いこと、山へ芝刈りに行くおじいさんとは、父の思いが山より高いことを表しています。そうした、一見さらっと聞けるところの奥にさまざまな意味を含ませるのが昔話風落語ですし、誰がどうしてこんな活躍をしたのかと、分かりやすく聞かせるのが講談風になります。マンネリにならないよう、工夫してみてください。

落語の二人会でも、毛色の違うものを組みます。彩りや色物を入れて、爆笑ネタと爆笑ネタは離す、といった工夫をする。または滑稽噺と人情噺。筋のある人情噺に比べて、滑稽噺は会話で展開する。だから組み合わせに持ってこい。でも滑稽噺二席もできる。その場合、しっとり話す人と、笑わせてなんぼという勢いの人を合わせたりします。

笑わせるにしても、爆笑ネタか、くすっと派か。企画ものなら、怪談噺だけあえて続ける。「さあ、誰が一番怖かったでしょう?」と盛り上げていくこともできますね。

通常はバランスを重視、時々は偏って濃くするというのも「バランス」でしょう。

会議で順番に発言するような時は、次の人が順番を待っていることをそれとなく意識してください。落語家も後の人を意識します。同じ噺をいつもより長くやったり短くしたりして時間の調整をするのですが、すべて後の人の仕度次第なのです。

ストレス発散の会話は聞き流せ

会話はキャッチボール、ラリーと先述しましたが、両者とも聞いていない場合もあります。

相手がしゃべっている時、黙ってはいるけれど、自分の番を待っているだけで、ただひたすら相手の息継ぎのタイミングを計っているという場合。切れた瞬間に自分の言いたいことをしゃべろうと待ち構えていますから、話したとしても、相手の話を受けていない。

でも、相手は気にしません。やっぱり聞いていないから（笑）。そして、息継ぎの瞬間に自分もわあっとしゃべりだす。

うちのかみさんもそうですが、そうやって意味のないことをだらだらだらだらしゃべる。聞いていないから、情報交換ではない。おしゃべりそのものが楽しいんですね。

「かいつまんでいうと、どういうこと？」と聞くと、「いいの。しゃべりたいだけだし」という答え。こちらとしては内容を期待してしまうんですが、

「黙って聞いていて。そんなに意味のあることは言わないから、ふんふんって頷いていればいいの」

……ということです。つまり、話は必ずしも「内容を伝える」ものではない。それを期待していない相手には、「聞き流す」ことも大切でしょう。それで何が言いたいの、といちいち突っかかる必要はないんですね。子どものことでも、姑のことでも、ふだんなかなか言えないことを話し続けて、ストレス発散できればいいんじゃないでしょうか。

相手に合わせたアレンジが喜ばれる

山形県鶴岡市出身で、藤沢周平という時代小説家がいました。小説の書評や解説を書か

せていただいたことから、地元ファンクラブからのご招待があったのです。「落語はオチのある時代小説」と文庫本で解説したことがきっかけです。リクエストは人情噺で、注文が一つ。

「笑わせないでください。私たちは泣きたいのです」

さすが藤沢周平のファンですね。そこで選んだのが武士の筋を通した「柳田格之進《やなぎだかくのしん》」と、実在した腰元彫《こしもとぼり》の青年が名人に達するまでを描いた「浜野矩随《はまののりゆき》」です。……と書くと真面目な立身出世ものかと思われそうですが、落語はよくも悪くも笑いが用意されている。浜野矩随の腰元彫とは、読んで字のごとく腰回りの付属品を彫る職人のことです。刀の柄や煙草入れなどに馬やタヌキといった、縁起物の意匠を彫りつけるのが仕事です。

主人公の矩随は、母と二人で長屋暮らし。名人と言われた亡父の跡を継いだというのに、タヌキを彫れば河童にしか見えない不器用。そのあまりの下手《まず》さに客は愛想を尽かしていく。ただ一人、先代から世話になっている若狭屋《わかさや》だけが義理で失敗作でも買ってくれるという状況。その若狭屋も「おまえはもう向いていない、おまえが彫れば彫るほど、先代のおとっつぁんの顔に泥を塗ることになる」と、ついに言い出す。それでも矩随は「いいえ、私はこの道一筋に」と強情で、これには若狭屋もカッとなり、「おまえなんか死んでしまえ！」。

もう死ぬしかないと追い詰められた矩随に、母親は「せめて形見を残していってほしい。そう、観音菩薩を」と頼む。矩随はそこから生まれ変わったように彫刻刀を握りしめ、体中に気力を漲《みなぎ》らせて小さな菩薩像を彫り上げる。飲まず食わずで1週間、やっと完成したそれを手のひらに乗せて「おっかさん……」と見せるさまがたまらない。彼自身が孝心の塊のようであり、その変わり身の見事さも、ぜひとも落語家が演じなければならないハードルになっています。まさに藤沢周平作品のような噺で、母は息子を一人前にするために懸け、息子はその母に応える形で、名人の域に達したのでした。

「浜野矩随」が母と息子なら、「柳田格之進」は父と娘の話です。職人と武家、母と父。バランスもちょうどよく、大変に喜んでいただきました。

酒、魚、いいバーに飛びきりのコーヒー。鶴岡は実に落ち着いた、いい街です。

気遣い過ぎると言葉は無味乾燥に？

手取り足取り、といった身体表現の多い日本語では、身体のハンディを表現する言葉も自然に多い。言い換えると話が流れなくなる恐れがありますし、言葉つきだけ変えても話の内容が変わらなければやはり問題は起こるかもしれません。

江戸から伝わる古典落語はＮＨＫの教育番組の枠でたっぷり放映してくれることがあり、多くの人に知ってもらえる貴重な機会なのですが、言葉の縛りが厳しい。差別用語が頻出する場面では途中で無音になることもあります。結局、まるきり放映できなくなったネタもあります。

たとえば、本来は乞食《こつじき》という仏教用語である乞食《こじき》は、落語に多く登場します。最近、ＮＨＫでオンエアされて、ようやく「容認」となったようです。ＮＨＫが放映すれば許容範囲、という指標にもなっていますね。やはり「独眼竜政宗」という大河ドラマの登場で、片目はまあいいだろう、ということになりました。隻眼《せきがん》だと通じない人が多いのです。

浄瑠璃には、躄勝五郎《いざりかつごろう》が主人公の「箱根霊験躄仇討《はこねれいげんいざりのあだうち》」という作品がありますが、放送禁止用語の嵐の中で消えていきました。昔は普通にオンエアされていたのですが……。生の寄席では、「土方」をひじかたさん、と読んで笑いを取るとか、ネタにするしかない面もありますね。

「百川《ももかわ》」がラジオで流れた時、これは田舎言葉を江戸っ子が変なふうに聞き違えるという滑稽話ですが、地方を馬鹿にしている、差別だという苦情をいただいたこともあります。

落語には、博打打ちや大酒飲みが登場し、泥棒が主人公のものさえあるというのに。

そもそも、差別されている人間が主役となるところに落語の特徴があります。落語の世界では、頂点に君臨する侍は大体において間抜けに描かれます。主人にひどい扱いを受けていた下男が出奔し、20年かけて読み書きを学んで出世する「無筆の出世」……といったサクセスストーリーは講談の特徴ですね。努力したから報われたんですから。よく考えたら、落語のほうが身もふたもない結論ではないですか？　がんばったけど最後の最後でしくじりました、というオチが多いんですよ。

雑談力をアゲる！

次は井戸端会議や雑談でも使える、対話について行きましょう。意外とスピーチより雑談のほうが苦手、という人は多い。皆が黙って聞いてくれるスピーチより、相手とのコミュニケーションが試される対話のほうが緊張してしまうのかもしれません。

落語で学ぶ鉄板ネタ

1 天気
2 ニュース（江戸ならかわら版）
3 噂（どこの誰がどうした、という話）
4 旅（ご町内の外の話）
5 趣味（食べ物なら無難）

武士、鰹《かつお》、大名、小路、生鰯《いわし》、茶店、紫《むらさき》、火消し、錦絵、火事に喧嘩に中っ腹、伊勢屋、稲荷に犬の糞……落語のマクラによく使われますが、これらが江戸の名物でした。しかし、もう一つの名物に「雑談」を挙げてもよいのではないかと思います。

ご隠居と八五郎が10分でも20分でもどうでもいい話を続けられるのは、5つのどれかがネタになっているからでしょう。中でもキモは噂。天気の話も噂といえば噂ですし、そもそも落語は何がどうしたという噂から始まったのではないか。噂の仕入れ先は江戸の昔なら床屋と銭湯でした。庶民は床屋か銭湯に来れば役所のお触れはいつ出るのか、鋳掛屋《いかけや》さんはなぜ何日も休んでいるのか、長屋のあのかみさんが最近きれいになったのはなぜかなど、たいていのことが分かりました。その二つは町内のサロンだからです。

お上のいないところで皆はどんなにリラックスできたでしょう。口は幾らでもほぐれたはずです。

え、そんなしょっちゅう床屋に行かないって？　昔の人と今とでは時間の使い方がちと違う。庶民の住まいは九尺二間《くしゃくにけん》の棟割《むねわり》長屋が基本で、そこにへっつい（かまど）と流しがあるだけ。押入れもなく、着物は基本、着た切りすずめ。住まいが壁を隔てて隣り合っていて、火事など起きたら大変ですから、煮炊きは1日1回すればいいほう。豆腐でも煮物でも、天秤棒をかついでまわる行商から買うという暮らしです。鍋を売る鍋屋、修繕をする鋳掛屋、下駄を売る下駄屋、またそれを直す人……屋のつく職人の数は限りなく、職種も半端なく多かったようです。

また、江戸前といえば今は握り寿司ですが、本来は鰻のことでした。やがて江戸湾、つまり東京湾で捕れた魚のことを江戸前と言うようになり、それを仕入れて売る生鰯屋も来るから、冷蔵庫も要りません。豆腐屋が「とうふ～」と軒先を通ったら「あ、四つ時だ」とだいたいの時間も分かり、ここから「先々の時計となれや小商人《こあきゅうど》」という言葉も生まれました。物価も安いし、時間に追われることもない。日が落ちたら商いもできませんから、銭湯にも集まろうというものです。

今はそんな暮らしはできませんが、どんなにテクノロジーが進化しても、人間、嘘か本当か分からない、でもありそうなご近所の噂話というのは必要なんですね。ツイッターやフェイスブックの「ご近所」は、町内ではなくネットの仮想空間ですが。

たとえば、どこそこの何が旨い、という「噂」を仕入れられるサイトが今はたくさんあります。上司との雑談に詰まったら、「通われているゴルフ場の近くに、最近おいしいイタリアンができたらしいですね。グルメサイトで1位になっているのを見ました」などと話を振る。「そう、近くなんだよ！」と乗ってもらえるかもしれません。何か相手と結びつけるものが必要で、この場合、実はイタリアンはどうでもよく「ゴルフ場」がカギです。

上司や部下の趣味を覚えておくのも雑談に必要な化学反応の一つです。一つだけでは、「部長、ゴルフが好きなんですね」「うむ」で終わってしまいますが、「最近、週末のたびにお天気が悪いですね。ゴルフもなかなか行けないでしょう」「うーん、そうなんだよねえ」「近所で打ちっぱなし？」……などなど、話は広がっていきます。

趣味を知らない初対面の相手でも、前述の5つの話題を出せばたいがい糸口は掴めますし、乗ってくるまでにはいかないにしても、間は持ちます。天気なら、「明日は晴れるんでしょうかね」などと話すと、相手も「そうだねぇ」と乗ってきます。その際、過去のネガティブな話はしないこと。「昨日は降りましたねぇ」などと言われると、気分が落ち込みますからね。

付け加えておくと、もともと「過去」というのは、縁起が悪いものでした。店に客が来ると、「いらっしゃいませ」（「いらっしゃいませ」でなく「いらっしゃいまし」だと力説する先代桂文治師匠のような方もいますが）と迎え、客が帰る時の威勢のいい店員は「毎度ありぃ！」などと言いますね。「いらっしゃいませ」は「いらっしゃいます」、「毎度ありぃ！」は「毎度ありがとうございます」の省略であり、帰っていく時は「ありがとうございました」という過去形では客を送り出さないんですね（地方によっては、現在のことを過去形を使って話す場合があり、それはまた別）。

趣味の話をするのでも、過去の趣味を蒸し返すのではなく、常に前向きで行きましょう。

トイレは話の流れを変える魔法の場

伝えたいことがあるのに、相手が自分ばかりしゃべって、きっかけを渡してくれない時があります。やっと「それで何の用？」と聞いてくれた時は、もう何分もたっている。実はこれこれで、と本題に入ると、「もっと早く言えよ」と呆れられる。あなたがずっとしゃべっているから言い出せなかったんでしょう……とは、なかなか言えないもんですな。

そういう人は、自分が疲れないと相手にバトンを渡してくれません。また、お伺いを立てて会う時は、立場が上になるのは先方ですから、「このあいだ俺さあ……」と始まってしまったのを遮《さえぎ》るのも無礼です。

おすすめは、手洗いに立つことです。「失礼します」と断って立ち、戻ってから、「ところで」と用件を切り出せば失礼になりません。

「そうだ、大事なことを忘れていました」と、自分に非があるようにふるまって話の流れを変えるのもいいですね。それでも、トイレから戻ってくるのを待って、話の続きをする人もいますから要注意です。

そこで次の手がメールです。携帯電話を覗き、「すみません、メールが来てしまいました」と一芝居打って席を立つ。それでも流れが変わらなかったら、喫茶店であれば水をもらう。水の次はお絞り、灰皿……ありとあらゆる小道具を使うんです。

それでも変わらない人は、たぶん、名物ですよ。あの人は話が長い、ともう有名になっていますす。知っていれば、「どうせいつかは終わるから」とのんびり構えてもいられます。

話が長いか短いかよく分からない場合に、携帯電話のメール受信音機能やアラームをセットしておくと、いざという時に使って席を立てるわけです。

自分が年長の立場になったら、「そんな急ぐ話でもないんだろ、まあ、こっちの話を聞けや」と、「いつかは終わる」ことを前置きしておくと、相手も安心できるでしょう。話が3つある、何時まで話をさせてくれ、などとゴールを決めておくと、待ちやすいですね。

そんなに待てない、とにかく用件がある、という時は先手を打ってください。

「今日は、お時間を取っていただいてありがとうございます。催促されているので、まずこの件で……」と、相手の話が始まる前に切り込んでしまいましょう。

現実を忘れさせるもてなし

トイレを使う術をもう一つ。

交渉は、「あ、バカな約束しちゃった」と醒めてしまう前に、盛り上がったところで決めてしまうのがいいでしょう。電話をかけ、日程を決め、予算枠を話し合う。できる限りその場でやってしまうんです。「仮」でいいんですから。

接待の席で、相手が途中で手洗いに立ったとします。落語でも、何人かで遊郭に連れ立って行くケースがあります。飲み食いすれば当然、行くところにも行きたくなる。トイレは一人で入りますから、ふっと、「馬鹿なことやってんなあ……」と我に返って醒めてしまう。落語では「里心《さとごころ》がつく」といいます。

バーでもキャバクラでもいいんですが、個室から出てきますね。すると、きれいどころが待っていて「ハイ、どうぞ」とお絞りを渡してくれるでしょう。あれは忍び寄ってきた冷静さを拭う昔からあるシステムなんですよ。で、夢は続く。

逆に、乗せられているな、これはまずいなと思ったら、とにかく「トイレ借ります」と言って席を立ち、冷静になる必要があります。何かの契約書を交わす前などでは、いったん一人になることです。

「ちょっとトイレ」と言いにくいのは、「トイレ」という言葉のせいかもしれません。女性なら「化粧室」「お手洗い」のほうが言い慣れているでしょう。そこへ入るのは化粧を直すため、あるいは手を洗うため、という言い訳が成り立つからです。

男性はどうするか。味のある言い方に、「キジを撃つ」があります。山で用を足すことで、これは風情のある言い換えだが山男しか分からない。

「手水場《ちょうずば》」「雪隠《せっちん》」「厠《かわや》」……どれも日本の古い言い方で、言われても通じない人がいるはずです。落語家は「はばかり」を詰めて「はばへ行く」などと言いますね。「はばかり」なら、「はばかりながら……」と今も言いますから、これは通じるかもしれない。

故由利徹《ゆりとおる》さんと談志の対談について行ったら、由利さんは中座される時に「ちょっとベンショーバラしてくらぁ」と言っていました。小便を引っくり返してベンショー、バラすという表現が言いえて妙。喜劇人は、ふだんからそんな符丁を使っているわけです。

参考にしてもらえそうなのが、「トイレに行くけど、いない間に俺の悪口を言うなよな」

というフレーズ。いなくなるとそいつの悪口が始まるって、あるでしょ。それを逆手に取るんです。皆が笑っているうちに戻って来られる。落語家仲間なら悪乗りするので、次の男も「俺の悪口を言うなよな」と立つ。次の男も……。

我々の間では、戻ってきた時、「いま俺の悪口を言ってたろ」と言うのがはやりました。するど、「よく分かったなあ、実は例の一件でね」などと返され、笑いのうちに座るのです。

言い回しの引き出しを増やす

生きている人間が一番の先生

「ねえ皆《みんな》、家畜の勢いで売れようよ」

前座の頃、同期の落語家らぶ平が言ったことがあります。当然、落語家集団から、「それ、破竹の勢いの間違いじゃねえの」とチェックが入る。

ところが、らぶ平は真顔でした。

「あれ？　皆、牛とか馬に追っかけられたことないの？　ものすごい勢いだよ。あれを見習えば売れると思うんだよ」

……これは否定できませんでした。私は牛に追いかけられたことがありまして、農家の庭先でベーゴマに興じていた小学5年生のみぎり、なぜか近くで餌を食んでいた牛が突進してきたんですな。後方3メートルの地響き、怖いの何のって。そりゃ、あの勢いでがんばれば売れるだろうと納得でしたね。

このほか、「楽屋は和気わいわいだね!」と言ってのけるなど、らぶ平は、「間違ってていて正しい」言葉のクリエイターです。正しくは「和気藹々《あいあい》」ですが、「わいわい」のほうが、ああでもないこうでもないと口を動かしている落語家集団の楽屋を表現しているではありませんか。我々は「そりゃいい」と感心したり、間違いを指摘してやったりする。受けるほうは「そうか、これが受けるのか」と手応えを得て、さっそく5分後の本番で使ったりしますね。皆さんも、とにかくどこでもしゃべっていると、駄洒落でも、受ける冗談でも、見極めがついてきます。自分で自分が面白いと思っても、話はまず人に聞いてもらわなきゃね。いろいろな話し方辞典などもありますが、まず、生きている人間が一番の先生なんです。

「頭痛が痛い」という表現はダメ、と学校で習いましたか。でも、どうしても「骨を骨折しちゃって」と言いたくなる。音読みと訓読みのかぶりが気づきにくいこともありますが、そんな教科書的解釈とは関係なく、繰り返したほうが実感が出たりする。

「このあいだ、弟子の力士が鎖骨の骨を骨折いたしました」

テレビから聞こえてきた某親方のインタビューに、思わず起き上がったことがあります。

「馬から落ちて落馬した」と同じだぞ。さあアナウンサーどうする。

「……それは大変でしたねえ」

戸惑い顔ながらも、とりあえずアナウンサーはフォロー。

「ええ、治すのに骨が折れました」

と某親方。言った当人が、この切り返しの見事さに気づいていない。

人間は面白い。そして、日本語のルールを「家畜の勢い」で破った時の参考例に、ぜひ。

あ、そうそう、「募ったのであって、募集したわけではない」と言った某総理もいましたっけ。


所変われば……


古典の「時そば」は、発祥は関西でした。関西でやるから「時うどん」になります。もともとは上方落語。それを関東に取り入れた明治時代、やはり関東の人はうどんよりそばですから、「そば」になったのです。

落語には、発祥が西のネタがずいぶんあります。そもそも落語は都のもの。徳川家康公が江戸城を建てる前は京都が京《みやこ》だったのです。関西の人にはその記憶がＤＮＡのように引き継がれており、上皇が京に赴くと、「帰ってきはった」と喜びます。皇居におわしますのは、「たまたまあっちに行っているだけ」。東京にあるものを、「本場は西。今は東京に貸しているだけ」という感覚があるのかもしれませんね。

「さきの戦争が……」と話すのを聞いていて、太平洋戦争かと思ったら応仁の乱のことだったとか。時間のスケールが大きいんですな。

「ああ、その件は考えときまっさ」

大阪商人がそう返事したら、その件は流れたと受け取っていいと言います。東京・霞が関の官僚が使う「検討いたします」と同じです。真に受けて「考えてくれましたか」などと何日かして電話したら「野暮」と笑われるのでご注意を。「そう言われたら脈がないと思うのが普通やろ、考えるわけないやん」と、陰でさらに叩かれるはず。官僚の場合は、本当に検討してくれないとまずい場合が多いですが。

ストレートに言わないのは、やはり角が立つからでしょう。また、「検討したけれどダメでした」というニュアンスも加わって、相手を多少立てられる。全然検討していないんですがね。

私たちはこういう稼業ですからお呼びがかかるとどこへでも行きますが、関東と関西を比べると、関東以北は、ニュアンスを受け取るのが若干苦手かもしれません。関西は極端で、本当にいいと思ったら「それ、ええなあ！　やりまひょ、いつから？」と一気に乗ってきます。だから、妙に冷静な「……考えときまっさ」は、断る流儀でしかない、と分かります。嘘ではなく「ルール」「マナー」と心得るのが、大人の会話術でしょう。

ただ、「今度飲みに行きましょうよ」の「今度」が、現実になることもある。いつにしますか、と電話がかかってくることもありますね。「あれはお世辞でした」とも言えないし、「すみません、先約があって」とぼかすのもマナーでしょうか。

一言で変わるクッション言葉

夜中に電話が鳴り、何かあったのかとびっくりして受話器を取ると、酔っ払いのベロベロの声が聞こえてきたことがあります。

「遅れるぞ！」

プツッ。いったい誰が、何に遅れるのか。いまだに謎です。

「時分どきに恐れ入りますが」――この言葉は便利です。昼時なら、この一言を付け加えれば、たとえ食事中でも、「いえいえいいですよ。で、何ですか」とやわらかく受け答えができる。「もしかしたら昼食を取っていらっしゃるんじゃないでしょうか」と聞かれているのですから。

夜なら「おくつろぎのところを失礼いたします」でしょうか。「夜分に失礼いたしますが」も按配よく使いたい。今なら、午後9時くらいからが「夜分」でしょう。

楽屋で師匠が先に入っている時、弟子が後からカバン持ちなどで現れる。

「失礼します。お疲れ様です、カバンをお持ちしました」

「ああ、ご苦労さん」

いきなり声をかけるのではなく、一言の挨拶。

すれ違いざま、ぶつかりそうになった時、よけると、相手も同じ方向によけようとすることがある。急いで反対方向に行こうとすると、相手も同方向へ。

「……人の気持ちは同じですね」

「鏡かと思いました」

とニコッ。他人だからこその一言です。「なんだよ」と舌打ちするより、されるより、よほど気分がいい。

「愛嬌力」というのでしょうか、今なかなか伸ばしにくい「力」です。家族が多くもないし、家で商売もしていなかったりすると、親戚以外はそうそう訪ねてこなかったりする。お使いに出ても、個人商店が減り、コンビニエンスストアやスーパーばかりでは他人に愛想を言ったり、挨拶したり、ちょっとした一言で相手の心をほぐしたりといった機会が少なくなっている。まあ、家に客が来たら黙っているわけにもいかないし、父さん母さんが忙しそうなら手伝いもする。「ありがとうございます」「またどうぞ！」といった言葉づかいも覚えていくのでしょう。談志の口癖を再び。「言葉を惜しむな、口はタダだ」

電話でも同じです。急ぎの用件なら、メールより電話のほうが早い。向こうの都合を無視しているわけですから、「お忙しいところ申し訳ございませんが」の一言を入れておきましょう。何か頼む用件の場合は、相手が「かけ直してくれ」「いま立て込んでいるところなので」と、わがままや断りを入れやすい状況をつくります。有無を言わせず押しつけるのではなく、その逆です。一見、損なようですが、相手のわがままを聞いてあげたという貸しを作れば、こちらもいざという時わがままを言いやすい。「その件は明日中まででよろしいでしょうか」と。要するに、「めんどくせぇ、今日は寝ちゃえ」という時なんですがね。

持ちつ持たれつ。

落語の世界は、究極のアナログです。電話のない時代だから、八っつぁんはご隠居の家を直接訪ねる。腕時計もアラームもないから、時の鐘で時間を計る。電気がないくらいですから、夜はろうそくや行灯をともします。それだって自動的に点くわけではないのです。人と人とが濃密にならざるをえない。だから、突然訪ねていって相手を驚かせたりしないための、たくさんのクッション言葉が登場します。文字どおり、衝撃をやわらげる言葉なのです。

✲思いやりを伝えるクッション言葉

声をかける時

- 今、お時間よろしいでしょうか。
- 折り入ってご相談があるのですが。
- 一緒にやってほしいことがあるんだけど。

ものを尋ねる時、お願いする時

- お差し支えなければ
- ご迷惑でなければ
- お伺いしたい（教えていただきたい）ことがあるのですが
- 恐れ入りますが
- お手数おかけしますが
- ご都合がよろしければ
- お忙しいところ申し訳ありませんが

（「ちょいと聞きてぇことがあるんですがね、ご隠居……」と始まるゴールデンパターン。ここから1時間もの展開だってあるのですから、相手の都合をよく考えること。ご隠居は暇だからいいのですが、忙しいのが分かっているのに「お忙しいところ申し訳ありませんが」と言葉だけ謝ってくるのはマナー違反）

断る時

- せっかくのご依頼をお断りするのは心苦しいのですが

・大変申し訳ありませんが
・あいにくその日は○○がありまして……
（あいにくは「生憎」と書き、残念な気持ちを抱きつつ断りたい時に使います。こちらの心情を込められるので、ビジネスでもプライベートでも使える万能のクッションン言葉。落語でも「うちのはあいにく留守なんだよ、あたしでよきゃ聞いとくけど」などと頻出し、「いや、実はだね」など相手の会話を誘っていきます）

改善や訂正をお願いしたい時

・説明不足で申し訳ありませんでした
・私どもの言葉が足りませんでした
（落語では「すまねえ、俺の口が足らなかった」といった言い方をします。いずれにしても自分のほうが悪かった、とへりくだるのがポイント）

援助を申し出る時

・及ばずながらお手伝いさせていただければ……

・お力になれることがあれば
・私にできることがあれば、微力ですが……
（自分が力不足であることを示して、謙譲の意を持たせています。もっと積極的に実力をアピールしたい、という時は「全力を尽くします」などと言い添えます）

やる気を見せたい時

リズムがあり、明るい気が漲《みなぎ》る促音の「っ」、どこかのんびりした気配の漂う「ん」を入れ替えるなどして、てきぱきした言葉をつくります。相手への言葉は、実は耳殻を通って自分の脳に直接響いており、何より自分に影響を与えるとされます。言葉で精神をコンロールしてみましょう。前より後のほうに説得力がありますね。

「無駄な経費は省きます」→「必要に応じてコストカットします」
「時間は守ります」→「時刻はきっちり守ります」
「いい案ですね」→「しっくりくる案ですね」

結論を急ぎたい時

落語のオチでは必ず一呼吸、ためが入ります。ここぞという時、自分の結論を提示する前に、一呼吸くらいの間を置いて。期待を持たせてからの一言で印象づけましょう。

仕草と洒落でリズムを作る

与太郎噺の一つとして定着している「孝行糖《こうこうとう》」は、与太郎が珍しくほめられるところから始まります。

江戸期に行商が豆腐や魚を売り歩いたことは先述したとおりですが、誰もが商売に慣れていたとは限らない。親の面倒見がいいとお上《かみ》から表彰され、青緡五貫文《あおざしごかんもん》の褒賞金までもらえることになった与太郎も同じです。何かと世話を焼いてくれる長屋の大家は、褒賞金を元に飴屋でも始めろ、とすすめる。与太郎のことですから、商売でもしないと五貫文もすぐ使ってしまいます。皆は飴の名を「孝行糖」とし、鉦《かね》に太鼓、派手な頭巾を用意して、飴売りに必要な道具もそろえ、売り口上も考えて与太郎に覚えさせます。

「孝行糖、孝行糖。孝行糖の本来は、うるの小米《こごめ》に寒晒《かんざら》し。カヤに銀杏《ぎんなん》、肉桂《にっき》に丁字《ちょうじ》。チャンチキチ、スケテンテン。昔々もろこしの、二十四孝のその中で、老莱子《ろうらいし》といえる人。親を大事にしようとて、こしらえあげたる孝行糖。食べてみな、おいしいよ、また売れたったらうれしいね。チャンチキチ、スケテンテン」

……これだけの口上を覚えて鉦を叩きながら行商する与太郎。「食べさせれば子どもが親孝行になる」と評判となり無事売れていきます。しかしある日、厳しいことで知られる水戸《みと》様の御門先に出た。そこで「孝行糖、孝行糖〜」と唱えながら鉦を鳴らしたからたまらない。鳴り物はまかりならぬ、と門番が差し止めます。

「おい、向こうへ行け」スケテンテン、「ならんというのだ」ドンドコドン、「こら」「テン」「こらこら！」「テンテン」と、門番の合いの手でどんどん調子がよくなっていく飴売り。こら、ならんと、門番は、与太郎を六尺棒でボカッボカッ。

そこへ与太郎を知る人が通りかかり、

「あいすいません。許してやっておくんなさい。この者はちと足りないもんで」

と引き取る。それで2人きりになったところで、

「与太郎、何したんだい。えっ、御門先で飴売りを？　もう、あの前は静かにしろって言

ったろ。で、どこをぶたれた？」

与太郎は頭とお尻を押さえて、「こ～こ～と～、こ～こ～と～」（此処と此処と）。

お囃子と口上のリズムが見せどころ、聞かせどころで、頭と尻を押さえてのオチというのは、あまり類を見ません。

笑わせればいいというものではない

政治家のウッカリ発言が話題になり、女性の服装や髪型などの見た目に言及してセクハラ認定されかねない昨今。世間の目が鑑賞から監視に傾いている一方、テレビでのコメンテーターの発言等を、差別になっていないか、人を傷つけていないか、発信側のチェック機能が甘くなっているのを感じます。制作会社が下請けに回し、さらにその下請けに回っていく段階で、責任が薄れていくんですね。

過当競争の中、少ない予算で少しでも面白いものを作ろうと制作会社が基準を踏み外してしまうこともありがちです。発注した会社は、笑いの量や、受けたか受けていないかだけでなく、内容を吟味するのが大切な仕事になります。作っていない分、仕事の負荷が軽減されているわけですから、放映前に言葉や表現を一つひとつ洗い出すのは当然でしょう。

「おまえ、笑わせすぎ」

出番を終えて戻ってくると、楽屋で言われたことがあります。あざとい、ということです。「泣かせすぎ」も注意されます。

「号泣させてどうする。ほろっとさせればいいんだ」と。人情噺をやっても、誰か一人ハンカチを目に当てたらそこまでにしとけ。洟《はな》をかむまで泣かせるなと。一方、「受けるのが大事」という師匠もいます。

粋がって貧乏するのと、「あいつは野暮」と言われても泣かせに走る落語家になるのと、さあどちらがいいか。選択は、どんな師匠についたかでも変わってくるのでしょうね。

分かりやすさの罠

歴代首相が主催する「桜を見る会」に安倍晋三首相の後援会関係者が多数招待されていたことが分かり、その前夜祭が格安料金で開かれていたことなどから、野党の追及チームが公職選挙法違反（買収）等の嫌疑でヒアリングを行いました。どういう経緯で首相から招待されたのか、それが聞けるはずだった招待者メンバーリストはなんと「シュレッダーにかけた」とか。野党が資料を要求した日になぜたまたま「一枚残らず」シュレッダーで処理していたのでしょうか？

明らかに証拠隠滅ですが、百歩譲って書類を破棄する「予定」があったとしても、それは10年先です。談志が政界入りしていた6年間、何度も議員会館に通いましたが受付のチェックは、それは厳しかった。入る目的を稽古としたら怒られ、陳情と書き直した覚えがあります。議員会館すら入館記録を10年間残します。まして官邸、記録は絶対あるでしょう。はい、モリカケのカケのことです。

談志は1971〜1977年まで参議院議員を務めていました。全国区から無所属で出馬、最下位で初当選です。「寄席でも選挙でも、真打は最後に上がるもんだ」という名言を残しました。師匠の柳家小さんのすすめで自民党に入り、おかげでカバン持ちだった私も6年間、議員会館に通ってたくさんの政治家を見ることができたのです。

談志が銀座の店で飲んでいた時、颯爽《さっそう》と近づいてきた背の高い紳士がいました。「こちらで飲んでいると聞き、近くを通りましたので、ご挨拶に伺いました」と言う。なんとまだ総理になる前の中曽根康弘さんでした。ビールを談志のグラスについでさっと引き揚げていきました。格好いいなあ、と惚れ惚れしましたね。

談志が政界から離れたこともあって、自民党にはそれくらいのイメージしかなかったのですが、２０１１年3月にあの東日本大震災が起こりました。恥ずかしながら、私は東京の電力が福島の原発に頼っていたなんて知らなかった。それから勉強を始め、あの原発事故に自民党がどうかかわっていたのか知ったのです。震災時は民主党政権でしたが、事故が起こる前の２００６年、首相の座にいた安倍第1次政権は「全電源喪失はありえない」として地震対策を拒否、それより前から多くの研究者や機関が地震や津波に対する脆弱性を指摘していたにもかかわらず、事故が起これば「想定外」としました。そして事故対応のまずさを理由に当時は与党だった民主党を攻撃し、そもそも大災害の根源にかかわってきた自民党の責任には口をぬぐって、再び政権の座に返り咲いたのです。

安倍政権は、震災と民主党のイメージをどうしても重ねたいのか「悪夢のような民主党政権」と誹謗中傷してはばかりません。これは俺の知っている自民党じゃあねぇ！　そう思いましたね。

一般に、「戦争を知る議員が一人もいなくなると戦争をする」と言われます。安倍さんは戦争を知らない世代であり、彼が「日本を取り戻す」「美しい国、日本」などと言ってこぶしを振り上げる姿を見ていると、教育勅語の時代に戻りたがっているとしか思えない。威勢のいい短い言葉の言い切り一つひとつに、大日本帝国の影がちらつきます。

私は「分かりやすい奴ほど気をつけろ」と用心し、「どういうことだろう?」と一歩踏みとどまることにしております。騙せるほど人を信頼させるのがプロなら、自分が騙されないのもプロの定義と考えるからです。

コラム3

伝えることは、救うこと

音の豊かさは文化の豊かさ

40歳の子の面倒を70歳の親が見る。それが10年たつと50歳と80歳に。「8050問題」と取り沙汰されるようになりました。不登校や受験の失敗、就職先でのハラスメントやストレスなど、きっかけはさまざまです。引きこもり歴25年、という「子」も珍しくない時代になりました。

部屋(家)ごとに密閉されている現代では、驚くような「衝撃」があります。「朝から変な音がしています」と警察が市民に呼ばれて行ったところ、ピーヒャラピーヒャラというお祭りのお囃子だったとか! 変な音、という解釈がすごい。

フランスの避暑地では、鶏の鳴き声がうるさいと別荘所有者が訴えたそうです。飼い主が「田舎では鶏も蛙も牛も鳴くのだ」と一言。この主張が通りました。賛成です。フランス各地で鐘の音がうるさいという訴えも相次いでいるらしいですが、「教会が先にある」。日本の除夜の鐘への苦情もしかり。音を出すなと何もかも密閉しておいて、それで「引きこもるな」というほうが無理というもの。コンクリートみたいな社会になりつつあります。

落語は隣の物音が筒抜けになるような長屋が舞台です。楽屋も「風通し」がよく、昔は暖房もありませんでしたから、高座に上がれば火鉢に当たってあたたまり、一、二、三服してからおもむろに話し始めたものだと聞きました。最後に登場するのは序列が一番上の「真打」ですが、江戸時代には電気もなく、高座はろうそくに照らされていたのです。トリを取った落語家は最後にろうそくの芯を打って消すから「芯打ち」、それが「真打」になったと言います。

昔は出囃子もなかったそうですが、寄席の太鼓をちょっと紹介しましょう。一番太鼓、これは客入れの時に叩きます。ドントコイ、ドントコイ、金持ってどんと来いと打ちます。二番太鼓はチャクトウとも言い、到着を引っくり返したもので、出演者の仕度が整いつつありますよということです。

ドントコイと打つ一番太鼓と違い、終演時に打つ追い出し太鼓は薄情です。出てけ、デテケと打ち、客が少なくなるとテンデンバラバラ、テンデンバラバラとなり、最後は太鼓の縁をこすって、カラ、カラ、カラと叩きます。空、という意味ですね。

音は饒舌《じょうぜつ》です。

赤の他人の声もせず、エアコンで密閉された現代は、他人と接する機会に恵まれず育ちます。学校の成績がよくても人間関係で苦労することが増え、就職後、いきなり大勢の他人の中に放り込まれて、どうすればいいのか分からない。

上下関係がよく分からない。だから挨拶がうまくできない。叱られてもどこが悪いか分からないから謝罪もできない。そして、どうしてできないんだという視線に晒される。こんなつらいことはありません。つらくなったら落語を聞いてくれと、私はいつも思います。落語はお祝いの口上からお悔やみの言い方まで、笑いのうちに教えてくれるのです。

落語はダメ人間のオンパレード

釣銭をごまかしたり、無職でふらふらしていたり、酒に酔って不始末をしでかしたり。気障《きざ》な奴もずるい奴も要領の悪い奴もいて、落語というのはまさにダメ人間大会です。それでも皆ずうずうしく、図太く生きている。聞いていたら、あっ、俺だって生きていていいんだと思えるようになる。そして、演じてみると、説教するご隠居、される八五郎、好奇心旺盛な熊五郎など、一人で何役もやらなくてはいけないため、人間関係を客観的にみられるようになるんです。どうしてご隠居が引退したにもかかわらず毎日町内とかかわっていられるのか、皆に慕われるのか。そりゃ、まだまだ教え足らない若造がいるからですよ。

もし、周囲に落ち込んでいる人がいたら、「こんな立派な人がいるのにあなたは……」と偉い人を引き合いに出さないでやってほしい。それは本人が十分に分かっているし、今のままではダメだと自分を追い詰め続けている。逆に、ダメな人間の話をしてほしい。

落語の世界では、侍も殿様もダメな登場人物です。日本橋魚河岸から取り寄せ、蒸して骨抜きにし、だしがらのようになった秋刀魚《さんま》を食べてがっかりし、「秋刀魚は目黒に限る」と断言した「目黒の秋刀魚」は、殿様がものを知らないことを突いています。それでも殿様をやっていられる。安倍さんしかりです。

一方、無職の与太郎は、和尚さんや大家がいろいろ教えてあげているのに、またもやしくじる。人は失敗するものだ、というところで成立している。ですから、いわゆるサクセストーリーというのはとても少ないんです。

与太郎は失敗をほとんど引き受けています。皆から失敗を託されているんですね。だから重要なキャラで愛されているんです。

ずっと家にいると気晴らしが必要になってきます。ゲームではなくて、ぜひ落語を。熊さんや八っつぁんは、与太郎を引きこもりにしません。頻繁に声をかけ、あれこれ手伝わせて、外に引っ張り出すんですな。

「与太郎、おまえいくつになった?」

「二十《にじゅう》だ」

「二十のことはな、ハタチってんだ」

「じゃ三十はイタチか」

「くだらねえことを言いやがる。ハタチは立派な大人だ」

「なりたくてなったんじゃねえや」

「いいから少しは働け」

「やだよ」

働けと親に言われるのがつらいという方、こんな与太郎を覚えておいてください。

言い切る奴に気をつけろ

羞恥心が魅力になる人もいるけれど、話している当人がうつむいてモジモジしていると、だいたいは見ているほうが恥ずかしくなる。プロの定義はまず、下手でも堂々としていることでしょう。堂々としている人に、人は信頼を寄せます。話し手は、聞き手の信頼を受け止めてあげなきゃいけないのです。

極端な話、人を騙す奴は見事にちゃんとしています。「数字は嘘をつかないが、嘘つきは数字を使う」という言葉があります。自信がなければ、何らかの具体的な数字を用意しましょう。「利息はこうなっていますから」と言われると、「ああ、そうですか」と、つい信じてしまうもの。

そしてもう一つ。語尾は「○○と思います」ではなく、「○○です」と言い切ります。客があたたまってきたら、「○○だ！」と敬語を捨てるくらいでちょうどいい。すると、客が信頼するのはもちろんですが、ずっと印象に残るんですよ。

「将来の日本経済は、こうなります」

と言い切ると、一つしか当たっていなくても、聞いているほうは覚えていますから「あいつの言うことは当たっていた！」と思い出してくれます。人は、人を信頼したい生き物なんですな。そこに乗っかっていく。

まあ、逆に言うと、「言い切る奴に気をつけろ」ということですが。

短いフレーズを多用し、畳みかけるようにして迫力を増していくのが今は流行です。トランプ大統領しかり、安倍さんしかり。やはり印象に残るからでしょう。

第4章 ✲

300年の伝統が後世に伝えるもの

師匠から弟子へ、そして孫弟子へ

作家の始まりは落語家にあり

最近は、せいぜいコーヒーカップくらいしか置けないくらいテーブルの小さな喫茶店が増えてきました。そこまで小さいと、喫茶店というよりはカフェでしょうか。

私は今や珍しい手書き派なので、電源要らず。コクヨの小ぶりの原稿用紙に2Bの太芯の鉛筆を持ち歩きます。安上がりだし、小テーブルでも書けるのが利点でしょうか。

さて、手書きといえば寄席文字です。角に丸みがあって紙いっぱいに芸名を埋め尽くしたような文字は、大入り満員を願う江戸からの伝承です。江戸文字ともいい、家元は故・橘右近《たちばなうこん》、今の最高峰は直弟子の橘左近《さこん》師です。

縁起つながりで、おめでたい回文を紹介しましょう。

「なかきよの　とおのねふりの　みなめさめ　なみのりふねの　おとのよきかな」

（長き夜の 遠の睡《ねむり》の 皆目醒《めざ》め 波乗り船の 音の良きかな）

どうです、傑作でしょう。よくまあこんな長いものをと思わざるを得ません。これを書きつけて宝船の絵と共に枕の下に敷くと、正月二日は吉夢を見られるという言い伝えがありました。

回文は室町時代からの言葉遊びです。上から読んでも下から読んでも同じなのは縁起がいい。落語界の傑作はなんと言っても「談志が死んだ（だんしがしんだ）」です。短くてしかもインパクトがあります。私もそのタイトルの小説を書きました。え？　縁起がよくない？　まあいいじゃありませんか。

そして「砧のたぬき（きぬたのたぬき）」。なんとなく目に浮かびそうで結構なもんです。「わたし、負けましたわ（わたしまけましたわ）」……これまた可愛くていいですね。いつも使う言葉が、ほんの少しお笑いという艶に照らされるんです。

今は亡き作家の野坂昭如氏によれば、作家の始まりは落語家だそうです。作家を「小説を書く人」と限定するならば、自作の噺を自演していた落語家たちはみな作家。ただ、書いてはおらず、話していた。明治に入ると速記術と印刷術の発達が著しく、落語家の噺は書籍となって流布される。落語ですから会話を中心に成り立っているのですが、まず三遊亭円朝の速記本に二葉亭四迷《ふたばていしめい》らが影響され、会話を主に、情景描写などを地の文で入れて、言文一致体が生まれたのだといいます。

四迷のように衒学《げんがく》的でなく、今に通じる青春小説を明治に著した夏目漱石は、三代目柳家小さんと同時代の人です。田舎から上京して、都会のインテリと奔放な女性に翻弄される、まあ、今もありそうな大学生を描いた『三四郎』にも、下宿から連れ立って小さんの寄席に行く場面が描かれています。東京に生まれ、落語や講談に親しんだ漱石は、新宿の実家近くの「牛込亭」を贔屓にしていました。

その漱石の愛弟子が芥川龍之介で、芥川が見出したのが谷崎潤一郎です。芥川の作品は落語家もよく取り上げていますし、谷崎の著作の一つにはそのものずばり『幇間』もあります。『春琴抄』もそうですが、だいたいリズムが三味線なんですよ。漱石は英語の先生、芥川は東京帝国大学英文科、そして谷崎は大阪が舞台の『細雪』が代表作ですから、意外と気づかれにくいのですが、3人とも江戸情緒にたっぷり浸かっています。

「そこに行けば何かがある」ことをめざし、田辺茂一《もいち》が新宿に紀伊國屋《きのくにや》書店を建てたのは1964年のことです。若き談志は絶頂への上り坂にあり、入門前の私は紀伊國屋ホールの「談志ひとり会」に通いつめていました。破天荒な文化人、田辺茂一に談志が師事していったのはごく自然な成り行きで、紀伊國屋ホールで談志が独演会を開いたのも2人のかかわりが縁になります。そして談志の付き人になった私は談志のカバンを持ち、談志は田辺茂一のカバンを持ち、毎日銀座のバー通い。ある晩、当時の私でも知っていた文壇バー「姫」の扉を談志が開けました。

扉の向こうには私のようなレベルでも知っている大作家、吉行淳之介や山口瞳が。談志はボックス席へ行き、2人と対等に会話を交わしはじめる。それは客と芸人の関係ではありませんでした。茫然と見入る私の前を巨人軍の柴田勲選手が横切る。ちびちび飲んで社会勉強すればよかったものを、「立川寸志《たてかわすんし》」になったばかりの私は、一流の店に漂う雰囲気にただただ圧倒され、逃げるように帰ってしまいました。

「スンシって、祝儀袋に書く、あの寸志？　へえ、しゃれてるね」

梶山季之《としゆき》の店で私がトイレ近くに控えていた時、そう言ってくれたのは山口瞳でした。それから次々作家に紹介されて、少しでも失礼のないようにと、中間小説誌も手に取るようになりました。「オール讀物」「小説新潮」「小説現代」……発売後数日で古書店に並ぶので、落語家の卵にも手が届いたのです。

「お作、拝読しました」

おそるおそる言うと、売れっ子作家たちは意外なほど喜びました。彼らが文壇バーで会うのは同業者や編集者ばかりで、読者と会う機会はサイン会以外は滅多になかったのです。

「談志クン、この子えらいよ。ぼくの新作を読んでくれたんだって」

「そらそうだ、俺の弟子だから」

普通、読者は作品に触れてから作家に興味を持つのでしょうが、私は作家の酔態や雑談に興味を覚えてから、作品を読むようになりました。

初めて「姫」に連れて行ってくれた時の談志の言葉は忘れもしない、「坊や、思い出をつくってやる。1杯だけ飲んで帰れ」でした。

中年再生工場!?

「著書の一冊、CDの一枚も出さないで、誰がおまえのことを知る？　無視されるくらいなら俺はここにいると手を振れ。そしたら、ああ、そこにいたんだと誰か気づいてくれるかもしれないじゃねえか」

そこから「一席やってください」というリクエストもあるし、取材もある。高座に来ないお客さんにも本屋の平台からアピールできる。「仕掛けた者だけに栄光がある。黙っていたら世間は知らない。生半可な発信はするな、物を書かざるは立川流にあらず」——談志の言葉です。立川流は皆著書を持ち、私も落語をベースにした物語から小説家としてスタートすることになります。落語ファンでなくとも、小説から談四楼を知ってくださった方もいて、ありがたい限りです。

さて、今、立川寸志は私の弟子です。

寸志は2011年にこの談四楼の元に入門しました。この時44歳。もともとは私の担当編集者であり、落語ファンの一編集者でした。その彼がある日、パリッとしたスーツにネクタイで現れた。ふだんの編集者はもっとラフです。わ、こりゃ企画が飛んだかな、ひたすら謝りにきたのかと身構えたところ、「弟子にしてください」と頭を下げる。

「え？　ああ、書くほうの弟子？」

大ヒットした育児雑誌「たまごクラブ」「ひよこクラブ」は、彼の命名でした。次は小説でも書こうというのか。

「いえ、落語家の弟子にです」

「え……ええっ⁉」

落語家は丈夫でさえあれば、80歳超えても活躍できます。しかし前座、二ツ目、真打と段階を上がっていかなければならず、真打になるまでには10年以上かかります。逆算すると、30前後で真打として高座に上がれるようになるには10代で入門しなければならず、実際、昔は、記憶力がピークの中卒で入門するのがいいと言われていました。

それから面談を経て、いくつかのことが分かりました。44歳だからこそ、今踏み切らなきゃダメだと決意したと言います。子どもはおらず、公務員の仕事をしている奥さんは「60歳までは私が稼ぎます。その代わり、60歳を過ぎたら面倒見てね」と投げ出したのか、理解を示したと言っていいのか……。向いていないなと私が思うのは、声が出せない人、正面切れない人。ふだんならともかく高座で照れてどうする。ボキャブラリーのない人も苦しい。中学時代からの落語好きで、大学でも落研で活躍していた寸志は、そうした基本はクリアしていました。今まで、今日言おうか明日言おうか迷っていたのかもしれません。

「いいのかい、今までと何もかも変わるよ」

「もちろんでございます」

それから着物の畳み方から教える修業が始まります。できないところは家で繰り返し練習させ、できたところで「その調子」と励まし、しかし少年の入門とは違いますから、社会人の経験を生かして上手に見せてしまうことがある。私も談志から「あざとくやるな」

「そばは、そばを食っているように見えればいいんだ」などとアドバイスを受けていました。立て板に水とばかりしゃべると、ごまかされているような上っ面《うわつら》感がある。そこに稽古を重ね、上面ではなく、噺に説得力を持たせます。効果はすぐには出ませんが、寸志は少なくともその努力はしました。

そうして4年後、寸志は二ツ目に昇進しました。2017年には渋谷らくご、通称しぶらくの「たのしみな二ツ目賞」を受賞します。ツイッターは祝辞と称賛の嵐となり、中年の星というか、「落語家は15歳で入門が理想」という説を引っくり返したかのごとくでした。

ちなみに談志は中卒で入門し、私は「せめて高校を出ろ」と談志に言われて18で入っています。弟子から前代未聞の上納金を取ったことは、談志のもはや「伝説」と化していますが、これまでの弟子のトータルは70人を超えているでしょう。そうして半数近くが辞めていきます。談志は滅多にクビにしませんが、向いていないのは自分から辞めるよう追い込んでいったふしがあります。まあ、自分でも分かるんですね。早いのは翌日いなくなったのもいましたから。

適性がないならなるべく早く辞めるよう仕向けてやるのが本人に親切だし、周りにも迷惑をかけないという考え方もありなんですね。

今は大学を出て会社勤めをするも、どうしても夢を捨てきれず30代や40代で門を叩いてくる人もいます。逆に20代の若者はすぐ来なくなったりしてね。うちは中年再生工場か……。

寸志は「60歳で真打」をネタにしているようです。先はまだまだ遠く、明るい。ぜひ今後ともご注目ください。

コラム4 立川流に弟子入りしたい

相談 私は落語が大好きで、立川談志、立川藤志楼（高田文夫）、立川八王子（景山民夫）、志らく、談春と立川流の先生しか見たくないのです。今は立川志ららさんを応援しています。敬愛する高田文夫先生のラジオ番組でメールを読んでもらい、「応援してくれてうれしいねえ」と言っていただきました。感激のあまり、立川流に弟子入りしたい気分です。こんなふうに考えるのは失礼でしょうか？

（44歳・女性）

回答　前座修業に耐える覚悟はありますか？

うれしいご相談です。立川流贔屓《びいき》のところなど頬が緩みました。失礼なことはまったくなく、即座にウエルカムと言いたいところですが、ちょっとお待ちください。はい、あなたの年齢がネックなのです。

どの師匠もこのことには慎重で、年齢制限を設けている協会もあるくらいです。しかし私は「若くして入門した者が必ずしも大成するとは限らない」と考えるほうで、そこは柔軟に構え、結果、私にはいい年をした弟子が何人かいます。そうです、私のところは中年再生工場と呼ばれているのです。

あなたと同じ年ごろで入門した女子がいます。年齢のことで断ったのですが、何度もやって来ます。持て余し、無理難題を吹っかけました。できそうにない宿題を出したのです。ところがクリアしてやって来るんですねえ。ほとんどストーカーになりかけた頃、根負けして弟子にしました。周囲の目も気になりました。男女間のトラブルで私が逃げ回っているように見えるのですから。

私とは話が合います。世代が近いお陰です。しかし当人は苦しんでいます。頭で分かっていても若い前座さんのように体が動かないからです。記憶力の問題も横たわります。そろそろ記憶力を忘却力がしのぐ年齢にさしかかるのです。

そんな前座修業が最低3年は続きます。その覚悟がおありでしょうか。じっくり考えてみてください。

毎日新聞「人生相談」（２０１７年3月12日）

「本書く派」の言い伝え

自分ならではの語り口調を手に入れる

演劇と違い、一人で何役もこなしてしゃべり続けるのが落語です。だからこそ、「あのまったりした話し方が好き」と、人はその落語のファンになる。

入門して分かったのですが、談志のハスキーな声と畳みかけるような口調は天性のものではなく、訓練のたまものでした。談志自身、よく言っていました。独特の語り口調をつくった者の勝ちだと。

口調とはしゃべりだけではありません。立川流は本格派、つまり「本書く派」ですが、同じ落語家の文章だから似たりよったりだろう、と思いますか？　同じ落語をネタにしても、本を開けた瞬間、「これは志らくの文章だ」と分かる。それが文体というもので、しゃべれば口調になるのです。

人の目をまっすぐ見て「よかったよ、涙出てきたよ」と言える談志は、口調が「断定型」でした。歯切れがよく、たとえ間違っていても言い切ってしまう。同世代でよく比べられる古今亭志ん朝（1938～2001年）は、対してソフトな語り口で優しかった。第一に美声です。よく談志のファンは志ん朝も聞くが、志ん朝のファンは談志を聞かない、と言われたものです。

丸メガネが印象的で、バラエティ番組でも引っ張りだこの立川志らくは早口で、ギャグのセンスが抜群です。競艇選手を断念して落語家になった立川談春は、古典落語をかっちりとやったうえで自分なりの解釈を加えています。志の輔は新作も古典も両方こなし、その水準は極めて高いところにあります。

同じ立川流でもそれぞれ特徴は異なり、「滑稽噺ならあいつだ」といった特色に応じたオファーが来る。ほとんどの弟子は落語のファンというより談志の大ファンといっていいほどで、では談志の断定口調をコピーできるかというと、やはり劣化コピーになってしまう。そこからどう抜けるかの苦しみが前座から始まっていくわけです。

抜け方として、一番いいのが他の師匠から稽古をつけてもらうこと。落語界は自分の師匠以外からも稽古をつけてもらうことが多く、これを「血を混ぜる」といいます。混ぜて混ぜて苦しみ、オリジナルを作ってゆくのです。

「この続きは明日」で締める

仕事がうまくいかない。上司が口うるさい。子どもが言うことをきかない。女房との仲が険悪だ……。居酒屋などであぁでもないこうでもないと話す内容は、大したことではないと相場が決まっているものですが、「すいません、そろそろ看板なんですけど」と声をかけられると、終わってしまったところが妙に印象に残ります。

また、「ごめん、時間がない」と先に失礼した場合も、あの続きはどうなったんだろうと電車の中で気になり続ける。タクシー代を出してまで聞きたい話でもないのですが、仮に、タクシーで帰ろうと腹を決めても、特にすごい話が出てくるわけでもない。「途中」だから、気になってしまうのです。

「続く」

主人公が窮地に陥ると、連続ドラマはたいていこうなります。漫画の連載も同じ。講談という古典芸能の影響があるのではないでしょうか。講談は、「忠臣蔵」や「四谷怪談」といった人気演目を講談師がずっと語ってきて、ここぞという時釈台《しゃくだい》で扇を張ります。

「……と。これからが実に面白い場面でございますが、この続きはまた明晩ということにいたします」

惜しい切れ場というやつですね。

世話物や武芸物を、節（歌）と啖呵《たんか》で聞かせる浪曲も、

「ちょうど時間となりました」

となじみの台詞を言って、切れ場を締めます。お客はもう分かっているのだけれど残念そうな顔をする。で、次の日に行くと、「初めての人もいるかと思いますので……」で始まり、昨日までの物語が半分くらいを占め、本当にわずかしか進まない。

最近はハイライト部分だけの語りが多くなり、「この続きは明晩のお楽しみということで」と長尺を毎日少しずつ味わう「連続読み」が少なくなりましたが、その手法が連続ドラマに受け継がれているのです。

ビジネスの用件などは、手短に伝えなければなりませんが、急ぐ必要のない「50年史」などは、印刷してもなかなか読みませんから、朝礼などで語ってあげるのも一案かと思います。その際、1991年の出来事の次に1992年の出来事を語るといった区切り方ではなく、「15代目社長が倒れた、どうする⁉」というところで切る。「続きは明日」という

ことで。

いいところで話が終わると、続きの展開が分かっていても、楽しみになるものです。そこは、「忠臣蔵」の続きを楽しみに寄席に通った、明治時代の庶民とまったく同じではないでしょうか。

師匠直伝の教え

終電で来て始発で帰る「オールナイトで談四楼」という独演会を月1回で20回やりました。午前1時〜3時が落語、午前3時〜5時が打ち上げという会です。ほら、終電で来て始発で帰れるでしょ。私はそんなふうに趣向を変えていくつもの独演会を催しているのですが、打ち上げの席でお客から「よく覚えましたねえ」とほめられると、そこかい！と言いたくなることがあります。

役者さんでも歌手でも、覚えるのは演者の基本中の基本なんです。そこから先がどうか、という話なんです。

談志は昇進に明確かつ公平な基準を設けており、二ツ目昇進には落語50席と歌舞音曲、真打昇進には落語１００席と、二ツ目より精度の高い歌舞音曲を課していました。さらに

「独演会が打てる」こと。長い大ネタも演じねばならず、小唄や都々逸《どどいつ》も必須です。

「ハイ八公、こっち見て」

「次、ご隠居はこっちだ」

初期の稽古はそんな上下《かみしも》を切るところから始まります。人物が入れ替わったことをお客に知らせる、落語の基本中の基本です。弟子は師匠の手のひらを左、右と見て基礎を学ぶのです。

八五郎が左向きに顔を振ったとすると、対するご隠居は右に顔を振る。そうして客は初めて2人いるんだな、いまご隠居が話しているんだな、と分かる。視線の置き方で客に想像させるのですが、始めたばかりは顔をあっちこっち動かしてしまい、視線が定まらない。これは本当に稽古をつけてもらわなければ分からないことでした。「右を向け」では伝わらないから、相対し、手のひらを見させて視線を決めるんです。視線を定めながら語ることで、仕草も台詞も身についていくわけです。

登場人物の設定はできるだけ細かく

さらに談志はただ覚えさせるのではなく、登場人物の年、仕事、家族、いくつで隠居するつもりなのか、倅《せがれ》はどうしているかなど、畳みかけるように聞いてきました。

噺には直接出ていなくても、人物には台詞以外の人生があり思いがある。そこまで想像しろということです。そうしたことが体に入るとそいつの台詞が自然に出てきて、それは仕草にも表れるというわけです。そこまでやれ、いやそこまでやってもまだ足りない。身体にしみ込ませるようにして、演じている間に何かあったとしても八五郎のつもりで立ち上がれば逃げられる。そこまで行って、やっと「覚えた」ことになる。

逆に、一字一句台本のとおりに丸暗記しないでもいいので、そこは一般の方がいう受験勉強みたいな「覚えるのが大変」とはイメージが違うかもしれません。とにかくその世界が表現できればいい。そして噺のキモなど「ここは一字一句譲らない」ところを決める。ざっくり覚えるところと、ないがしろにしないところをモザイクのように交差させて構築していくのです。

ビジネスのプレゼンテーションでも、ここは生かせるのではないでしょうか。シナリオを作ったとして一字一句覚えるのは大変だし、逆に勢いが死んでしまう。そのプレゼンテーションの中に、たとえば車を買うお客様を登場させたとして、「家族にはファミリアが売れる」なんて棒読みするのではなく、何人家族か、買ってどこへ出かけるつもりなのか、坊やの年齢は、おふくろさんはまだ存命なのか、奥さんの趣味は、など想像しておく。すると、車を買う客のイメージに立体感が与えられると思うんです。口に出して表現する必要はない。考えておけばいい。それが客に「伝わる」ということです。

ある劇作家は、「表現しないところを一つつくれ」と役者に課していました。虫が嫌いとか、実は奥さんのほかに愛人がいるとか、スケールはどうでもいい。ただ、大事なのは、口に出さないことです。それが役に立体感を与える。台詞なんて、その人の人生の氷山の一角みたいなものですから、見えない氷の部分は演者が想像するしかないんです。

映画やドラマでは、たとえ一度も開けることがなくとも、たんすの中にその登場人物が季節のたび着替えるであろう着替えを入れておきますし、中高生役の子が持つ学生カバンには、お弁当が入っています。たとえ食べるシーンがなくとも、です。作るのは小道具方ですが。小道具方が朝早くに作ったお弁当は、学生カバンを重くし、それを持つ子らの演技をリアリティのあるものに変えます。僕らの場合は、比喩的ですが自分で「弁当」を用意して自分を追い込んでいくわけです。

江戸が舞台となる落語は間取りも大切です。長屋は6畳か4畳半が多く、土間がついて、上がり框《かまち》から上がっていく。男が家に帰るとカミさんが座っているとして、そこでふわあっと障子や柱が浮かんでこないといけない。話し手が上手《かみて》を向くか下手《しもて》を向くかでどちらが奥か分かり、店先を演じるなら少し立ち上がって「いらっしゃい」と言うところで、奥行きのある店で主《あるじ》は奥に座っているんだな、と分かります。さらに店主が座りなおしたところで、客の目の前に来たんだな、と伝わる。これができるのは、話し手が間取りを想像できているからなんですね。

舞台セットも要らない。小道具は扇子と手拭いのみ。互いに想像力を刺激し合って、空間を創造する。そうしてストーリー性のある噺の中で人生の機微を感じ取ってもらう落語は、外国人も驚倒する、世界でも類を見ない芸であります。そして、正座という行儀のいい芸でもあるのです。

芸とキャラクターのはざまで

お客の期待通りに演じる妙

1966年に始まり、今や国民的長寿番組となった「笑点」の出演メンバーは、地方へ行って二席やってくださいという時、本来、落語が好きで落語家になったくらいですから気持ちとしては古典落語を二席やりたくとも、一席は「笑点」ネタをするようにしているそうです。テレビを見たから、という人もいるので、やらないとお客さんが納得しないいんですね。

寄席以外の公演では、落語ファンばかり来ているとは限らない。そこで何を見せるかというと、「笑点」で演じられている「キャラクター」ということになります。

談志なら、毒舌を吐かないとお客さんが納得しない。そういう「キャラクター」になっているからです。前提に甘んじるのは忸怩《じくじ》たるものがある一方で、また、策でもある。お客が期待するキャラクターを魅力的に演じるのが張り合いにもなっていきます。

談志の舌鋒は知れ渡っていて、タクシーに乗ると、よく「いい人なんですねえ」と驚かれていました。「いい人」って、普通でしょ、「××まで行ってください」……って言ったぐらいで。「いい人」のハードルが、ずいぶん低いものでした。

芸がないのもキャラクター

社長にはならないタイプだけれど隠し芸を持っていて「宴会部長」と呼ばれているような人は、キャラクターの魅力で売っているわけで、それを生かした話やふるまいができます。営業成績はさほどよくないけれど、会社で葬儀があった時、弔辞の順番や焼香の案内を滞りなく行い、通夜振る舞いの席でも出すぎず引っ込みすぎずのとりなしが見事で、総務部に抜擢された人がいました。式典の仕切りが評価され、「あいつに任せておけば安心だ」ということになったのです。

抜擢された人もすごいですが、見出した人もなかなかです。励ますのがうまい人っているんですよ。「人の役に立ちたい」という心意気が旺盛な人は、そういう人を見つけることができる。私などもそうで、「おまえが頼りだ！」「これはおまえにしかできないんだ」

と言われるとすぐ請け合ってしまうのです。

もしかしたら、人間は誰でも、人の役に立つことでおのれが確立されていくのかもしれません。もちろん、頼りない自分もあるでしょう。でも、認めてくれる人の前に出たら、「頼りになるキャラクター」を前面に出していっていいと思います。

「励まし」と「ほめ」は違います。最近、「君の仕事ぶりはいつも素晴らしいね、などと言ってほしい。自分はほめられて伸びるタイプなんで」と申告する人がいます。自分で言うなって！　キャラクターは自分から申告するものではありません。ぜひ周囲の人たちに見出してもらってください。

態度で示す心意気

気の利いた会話ができないという方へ。たどたどしくとも相手を気遣おうという姿勢が見えるのは好ましいものですが、奥の手があります。要は気遣いが見えればいい。ある前座は気の利いた物言いで師匠を喜ばせることができないため、お中元に「災害の備えに」と立派な懐中電灯を届けました。

立派といっても懐中電灯ですから安いものです。家や車を贈ったわけじゃない。彼の偉いところは、お歳暮に電池を取り換えに行ったことです。気が利きますねえ。師匠が喜んだことは言うまでもありません。中元の次に歳暮。間もいい。

また、師匠の家に行って大掃除をした前座もいました。換気扇の掃除に始まってトイレを磨き上げ、家族の靴までピカピカにした。師匠はもちろん奥さんも大喜びで、それから彼の掃除は毎年のイベントになり、師匠からは礼に稽古をつけてもらっただけでなく、帯や着物ももらい受けるようになりました。

その真似をしろと言っているのではなく、自分なりのやり方を見つけてほしい、ということです。自分にできることをすればいい。それが個性になっていき、「あいつらしいな」と人を喜ばせることもできる。

ＪＲ東日本の運転士が熱中症の疑いで救急搬送されたというニュースを耳にしました。「乗務中は乗客の目があり、水を飲みにくい」とのこと。確かにチクる人はいるでしょうけれど、ＪＲや私鉄が「乗客の安全を守るため、運転士と車掌に水を飲ませます」とアナウンスすればいいだけの話でしょう。「仕事だから仕方がない」と諦めないで、自分に合ったやり方で切り返すことも必要です。表現の仕方を工夫することは、時に命を守ることにつながるのです。

「存在感」という名の表現

2019年7月の参議院議員選挙で、れいわ新選組から初当選した2人が介助者とともに国会に入りました。「体が動かない2人に何ができる」とネットではかまびすしかった。私から見れば、優秀な2人であることは言うまでもありませんが、もっと言えば、2人は国会にいるだけで絶大な効果をもたらします。バリアフリーがどう進められるか、その国会をどう運営するかが報じられ、日本のみならず世界から注目されていくのです。それこそ民主主義の可視化であり、お釣りが来て余りあるでしょう。

しゃべらなければ伝わらないと思うのは、落語家の私が言うのも何ですが、大きな誤解です。

2006年に首相になった安倍晋三さんは、経験不足から失敗や失言を繰り返した挙句、体調を崩して退陣。2012年に復帰すると、御側付きを閣僚に配置し、国民から「お友達内閣」と揶揄されました。

そして2019年の参議院議員選挙を経て、脛に傷を持つ危うい面々ばかりの第4次安倍再改造内閣が発足しました。憲法改正に向け、「いい役職をありがとう。そのお礼に何も文句は言わないからね」と安倍さんの威を借る面々ばかりの内閣です。初入閣の13人のうち、傷がないのは官邸エントランス会見で物議をかもす小泉進次郎氏くらいでしょうか。仕事らしい仕事をしていないから、傷がないのです。外国から客が来たら、奥さんが「オ・モ・テ・ナ・シ」をしますしね。

「(こんな)でがらしお友達内閣に関してのコメントは特にございません。そんなことより、千葉の復旧に政府として全力を注いでください」

れいわ新選組の山本太郎代表は、台風被害に関する痛烈なコメントを発表しました。特にコメントがないというのが最も鋭い批判です。

ただ、ふだん政治にかかわっていない人間が「ひどすぎて何も言えない」ままだと、「あ、このままでいいのだ」と政府に誤解される。私は写真も動画も使わず、140字ジャストのツイートを昼過ぎに3本投稿するのを日課としております。「落語家のクセに政治に文句言うな」という反応もありますが、なに、政治や権力に文句を言うのが落語の本領なんですよ。落語の歴史についてもご存じない方のコメントには、熱くならないことにしています。

「ああ、また言っているな」「たまには落語を聞けよ」と。

耳通りがいいことほど疑う

公的放送や宣伝には気をつけたほうがいい。個人なら用心しても、お上の言うことなら、とうっかり丸呑みしてしまうことがあります。たとえば２０２０年、受動喫煙対策を強化した改正健康増進法が全面施行になりますね。これまで小さいながら喫煙室を設けていたファミリーレストランなども、東京オリンピックに向けて完全禁煙になります。しかし、ある区などは、「タバコは地元で買いましょう」という看板をかかげています。飲み屋で知り合ったその区の役人に突っ込んだことがあります。

「全面禁煙といいながら、タバコを買うことは推奨されるんですか」

と。考えてみればそうですね。購買地域の結構な税収になりますから、税金はほしいんです。その人は「いや、その、買ってはほしいけれど吸ってくださいとまでは言ってないんで」としどろもどろ。買え、でも吸うな、とはこれいかに。少し突っ込んだだけで、本音や矛盾が見えてくるってこと、ありますよね。

これくらいなら笑っていられますが、「市民に配慮した言い換え」には用心したほうがいい。「限界集落」「過疎」という言葉は、この本が出るまで健在でしょうか。マイナスイメージが強すぎるという「配慮」から、「住んでいる方が少ない地域」といった言葉に変わるという情報があります。

昭和中期、積雪により孤立した集落が音信不通になり、社会問題として取り上げられたのが「過疎」という言葉の創出のきっかけとなりました。「かそ」というカサついた語感が、実態をよく表現していると思います。もしも言い換えするなら、該当する集落が改善されてからだと思いませんか。歴然と今もあるのにもかかわらず、「自然が豊かだという見方もある。マイナスイメージの過疎はもう使わない」と決めてしまうのはどうか。自然が豊かで、集落が孤立しやすいというのは、両立する現実のはずです。

はるか80年前、ガダルカナル島での戦いに疲弊し撤退することになった日本軍の状況を、大本営は「転進」と発表しました。実質は、「撤退」「敗退」「退却」です。「転進」は「針路を転ずること」であり、「敗れる」という意味はまったく入っていません。ほとんどの兵士が餓死だったのに「玉砕」とは。まるで勇敢に戦ったかのように、大本営の作戦の不備を隠してしまった。餓死は、食糧輸送に失敗したから起こるので、兵士の戦い方とは関係ありません。

「転進も撤退も同じようなものじゃないか」と言う人は、「『消防署』も『消防署のほう、、、』も同じ」と考えるかもしれません。ぼかすのは、危うさを弱める目的があるんですよ。薄めて騙すのは、詐欺と同じ手口です。

明日も笑える世でありたい

反権力である落語は、長い歴史のなかで何度も禁演の憂き目にあっています。その演目を見ているだけで、日本の裏の歴史を知ることができるといっていいほど。太平洋戦争が始まる直前の1941年10月は、「お笑いは時局にふさわしくない」として、吉原の噺「錦の袈裟」（85ページ参照）など53演目を落語家が自粛します。

禁止された現代芸術が並ぶ「表現の不自由展」（2019年）の自粛と通じるものがあるかもしれません。そして戦争が終わり、GHQの進駐軍が入ると一転、大名行列や敵討ちの話が出てくる演目が禁じられます。こうした禁制落語でプログラムを組んだ口演もありますので、興味のある方はぜひ覗いてみてください。

しかし戦争には勝ち負けがありますが、日常はどうでしょう。今日は賛成と言っていた人が明日は反対するかもしれない。個々の主義主張はさまざまで、保守もあれば革新もあり、右もいれば左もいる。ラーメンにしたって塩かしょうゆかみそか、本気で悩んだりするでしょう。そうやってぶれるのは、人間が身につけてきた知恵かもしれません。「絶対にあの店の塩ラーメンがいい」と歩いてきて休みだったりすると「あ、しょうゆでもいいや」と切り替える。それは人が人とともに生きているからではないでしょうか。お昼にコイチのカレーを食べて、今夜はおでんがいいなと思って帰ってきたら、夕飯がカレーだったりする。家族はカレーを食べたかったんですな。同じものを食べている家族はサイクルが合うんです。

……そんな噺を聞いて笑い、終演後は仲間と打ち上げで笑い、次の日にまた笑いに行く。そんな毎日がずっと続いていけばいいですね。

第5章 ✻ 談四楼がお答えいたします

横丁のご隠居よろしく、皆さんの悩みにお付き合いしたくて設けた章です。

知ったかぶりは禁物です。「てんしき」が何だか分からないのに、それは何ですかと聞かず、小僧の嘘を信じて「呑む酒の器」（呑酒器《てんしゅき》）と思い込んだ和尚みたいになってしまいますよ。正しくは転失気《てんしき》と書き、おならのことです。

「分かってもらえない！」と悩み嘆く前に、他人に分かりやすく伝えるにはどうすればよいのか。知らない業界もありますが、落語家の立場からお答えしてみました。

Q1 「できるだけ急いでやってね」と部下に言っても、頼んだ書類は翌日の午後になっても上がってこない。どうすれば、きつい言い方をせずに注意できますか。

A **指示は期限を切り、迷う隙を与えない**

人は聞きたいように聞き、見たいように見る。なんでオレオレ詐欺なんかにひっかかるんだろう、と思っているでしょう。かかってきた電話を息子からだと「信じたかったから」です。

それと同じで、期限を設けない限り、自分がやりたいようにやる。「できるだけ」「なるべく急いで」は、ビジネス上で最も使ってはいけない言葉です。「今日の午後5時30分まで」と明確に伝えてください。それきつい、といった遠慮は無用。相手に迷う隙を与えないほうが親切です。

しかし、その後輩クンは先輩の「急いでいます」という表情を読めないんですね。いつか時間を取って、「見たいものを見るだけが仕事じゃないんだよ」と教えてあげましょう。何か温かいものでも食べながらね。大したものでなくてもいいのです。先輩が自分のために時間を取ってくれた（しかもあのいつも忙しそうな先輩が）、それだけでうれしい。そうやって、信頼関係を築いていってください。

Q2 交渉する機会が多いのですが、「その内容では、お引き受けできかねます」といったお断りがなかなかできません。大事な取引先で、嫌われたら困る相手でもあります。

A はっきり断るほうが意外と嫌われない

愛想よく「ぜひ検討させていただきます！」と前向きな返事をしていたのが、あとからけんもほろろに断ったりすると、ギャップがありすぎでしょう。

嫌われたくないと思うあまり、安請け合いしてしまうと、相手に過度な期待を持たせてしまいます。そのほうが、かえって失礼かもしれませんよ。最初の交渉の段階から「この案件は難しい」と思うのなら、声のトーンを抑えたり、ちょっと深刻な表情を浮かべたりして、それとなく相手に伝えてみましょう。

会っている段階では前向きだったのに、話を進めているうちに無理になってしまうこともありますね。

以前、江戸がテーマの原稿を雑誌社から依頼されたことがあります。執筆陣を見ると錚々《そうそう》たるメンバーで、「お、この中に俺も入るのか。よしよし」と喜んだのも束の間、資料が来て、残念ながら無理と判明。読んでまとめるだけで10日はかかりそうな内容を、5日後に原稿を完成させてほしいと言う。「大変ありがたいご依頼なのですが、何しろ時間がございません」と丁重にお断りするしかなかったですね。

「やはりそうでしたか。無理を承知でお願いしたのですが、実はすでに何人もからお断りがありまして……」

と言われて、嫌われることはなかったにしろガッカリ。俺は何人目だったんだ？

話を聞くと、自分の企画ではなく上司から降りてきたもの。だから、もしかしたら依頼の時点でトーンが落ちていたのかもしれません。「そこをなんとか！」とがんばらないから、こちらも断りやすかったというのもあったのでしょう。

まあ、自分が断りたい内容なら、もう誰か先に断っている可能性もあります。無理をせずに断っても、嫌われることはないと思うのです。

Q3 営業職なので、商談後の挨拶やお礼がのちの契約に結びつきます。印象に残るメールやはがきの書き方を教えてください。

A さりげない一句が効く

はがきはスペースが少ないですね。あれこれ書く余裕はない。私は旅の仕事が多いので、よくはがきを書きました。「その節はお世話になりました」と直筆で一文。他に入れたとしても、暑さ寒さについての一言くらいでしょう。私の場合、打ち上げに触れることがあります。地酒や名物をほめるわけです。

2018年2月、俳人の金子兜太《とうた》さんが亡くなりました。享年98。東京帝国大学経済学部を卒業して日本銀行に勤めるというエリートだった方が、出征されて海軍へ。捕虜となり、部下200人を連れてトラック島をさまよったことは、復員後のご活躍とも連動するかと思います。戦後70年の2015年1月から2017年9月まで、東京新聞「平和の俳句」の選者を務めておられました。私が好きな句は「暗黒や関東平野に火事一つ」。火事とは燃え盛っている火だろうか、ぽつんとした篝火《かがりび》なのだろうか。漆黒の中に火がふっと浮かび、その火が読むたび違う印象を与えてくれるのが好きです。

「アベ政治を許さない」

——集団的自衛権の行使を容認した安全保障関連法案が国会で通った2015年、焦燥と怒りを叩きつけたような揮毫《きごう》を金子兜太さんは書かれました。抗議デモのプラカードなどで見たこともあるでしょう。金子さんは亡くなりましたが、戦場の不条理と悲惨を体験したからのメッセージは、あの揮毫から受け継がれ続けていくと思います。

メールの場合は、データのそっけなさをやわらげる気の利いた一言がほしい。何時にどこそこでお願いします、といった用件だけでなく、「いちどお会いしたく思っておりました。楽しみにしております」くらいは添えられているのがいい。要は、相手への気遣いが伝わるメッセージになっているかどうかでしょうか。

Q4 人と話すのが苦手です。すべてメールで済ませてはいけませんか。

A そういう人も出てくる時代になったということ

「すべてメールにしたい」ということは、会うだけでなく、電話も苦手なのですね。

私が携帯電話を持ったのは、落雷で電車が止まったのがきっかけです。仕事先に連絡を1本入れようとホームに降りると、公衆電話の前は長蛇の列。ああ、自分の電話を持たなきゃいけないいんだなと痛感しました。携帯電話を持っている人は、自分のでかけていましたから。

今はその公衆電話も減り、「ダイヤルMを廻せ！」という映画のタイトルがピンとこない人も出てきました。10円玉を数えて公衆電話の列に並んだ時代から、携帯電話を背負って歩いた時代へ。それでも「なんて便利になったんだ」と人は感動していた。10円玉はテレホンカードになり、外国人が上野公園で売買していました。偽造カードの束売りです。携帯電話はやがて改良されて軽くなり、番号は回さず押すもの、そしてタッチするものとなりました。

通信の手段の変化に伴い、人の行動も変わってきている。相手に不都合がなければ、メールでも構わないと思います。今の携帯電話はカメラになる、翻訳機にもなる、計算機も付いている、インターネットにつながる、天気予報も分かる。おまけに電話もできるんですよ！――というオチもあります。ただ、もうオチじゃなく、電話ができるのはおまけ程度の機能、という事実ですが。20代の若者に聞いたところ、ふだんのやり取りはＬＩＮＥで事足りるので、電話の機能を付けずに契約料を安くしているのだそうです。

出版社の編集者から、担当作家と一度も会ったことがない、という話を聞いたことがあります。打ち合わせがメールなら、原稿もメール添付。「人と話したり挨拶したりするのが嫌だから、作家になったんです」と本人は言うそう。それでも本は無事制作されていきます。編集者も「もう、そういう人だから」と諦めていますね。メールそのものはその気になれば饒舌で、伝達に問題もないのだそうです。

談志は携帯電話を持ちませんでしたが、その師匠の柳家小さんは持っていました。若手の弟子がプレゼントしたんです。しかし小さんは、どこにいてもつながる便利さがどうしても呑み込めませんでした。弟子がかけると、ひそかな声で叱りつけたそうです。「どうして分かったんだ、ここが」と。……もう20年余ほど前のことです。

Q5 子どもの時から、人を笑わせるのがうまい人にあこがれていました。真似しようといろいろ試みるのですが、自分が冗談を言うと周囲がシーンとしてしまいます。

A ネタがキャラクターに合っていないのかも

笑わせようと思って、そればかり考えていると緊張感が伝わってしまい、客は笑えません。また、どこかで聞いたような話だったりすると、「アレ?」という思いが先に立って笑えない。第2章で紹介した岡田武史元日本代表監督の「今日のロスタイムは3分でした」はいいんですよ、自分の持ちネタだから。既成本に載っているジョークを真似ても、なかなか笑わせられないのは、借り物だからなんですね。

オリジナルであること。自分が緊張せずにできる話であること。自分が心から面白いと思ったことを語ること。この3つに気をつけてしゃべってみてください。

少し話題を転じて、2019年6月に開催された「G20大阪サミット2019」では、20カ国・地域の首脳を歓迎する文化行事として、狂言やピアノ演奏、歌唱が披露されました。

夕食会の挨拶で、大阪城の歴史を紹介がてらスピーチに入った安倍首相。大阪が商業都市として発展してきたこと、シンボルの大阪城が明治維新で焼けたこと、しかし約90年前に天守閣が復元されたことなど話していて、「(復元の際) 一つ、大きなミスを犯してしまいました。エレベーターまでつけてしまいました」とやった。

エレベーターをつけるのは、「しまいました」というほどいけないことだろうか。ジョークだったのだろうが、笑えない。「世界の潮流がバリアフリーに向かっている時代に何事か」との波紋が広がりました。

私はここに、もう一つの失敗を見てしまう。20カ国・地域の首脳はフランスやらイギリスやらロシアやら、大国との軋轢《あつれき》の中でジョークの腕を磨いてきた方ばかり。だから安倍首相も、とスピーチライターはがんばったのかもしれませんが、そもそも日本人は真面目で、公衆の面前でギャグなど言わない、という認識が世界中にある。落語は最後のオチで笑わせますが、初めて聞いた人でも、このへんで結末、そろそろギャグが来るぞ、来た来た来た!と分かるリズムがあるんですね。他国の首脳のスピーチもそう。

でも、安倍さんのコメントにはそのリズムもないし、日本人が世界にどう思われているかの視点もない。まずその視点を押さえておいてから、「日本人ってこんな意外な面があるんですよ」と落として笑わせるか、「やっぱり真面目な日本人」というお約束で笑わせるか。2パターンのうちどちらかです。でも、このケースはどちらでもない！

「真面目な人」という見方が定着してしまっていると、今さら冗談を言われても笑えないものです。まず相手の言うことを聞いてから、素直に感想を言ったり、自分の意見を述べたりすればいい。ギャグやジョークは、場を和ませようとする気遣いの一つに過ぎません。目的が「人気者」なら、ギャグやジョークを使わないでなれる方法をめざしてみましょう。

Q6 アパレル販売員をしています。お客様にお声がけすると、「いえ、いいです」と言われたり、無視されたりします。私の説明がイマイチなのか、商品もなかなか売れません。どんな言い方をすれば、お客様の心を掴む接客ができるでしょうか。

A 言葉は惜しむな、口はタダだ

前座の頃、楽屋で黙々と着物を畳む私に古老たちは言ったものでした。

「どうしてそんなに無口なのかね、口はタダなのに」と。

その一言に、殴られたような衝撃を覚えました。そうか、口はタダだったか！

もし他にも販売員のいる店なら、同僚がどうしているか見てみましょう。疑問に思ったら、デキる人を観察する。あなたの場合は、自分より服が売れていない人を観察してもいいですね。そうして比べてみてください。売れる人、売れない人、どこが違いますか？

笑わせようとすると客が黙ってしまうように、売ろうとすると力みが入り、お客は敬遠して離れていきます。誰も自分の財布の紐をゆるめたくないですからね。

まず必要なのは、「信頼できる人だ」と相手に好感を持ってもらうことです。

「今日のお召し物、ステキですね」「そのネクタイ、よく似合ってらっしゃいます」などと、まず相手の服装や着こなしをほめてあげましょう。ほめられてうれしくない客はいません。そもそも店に入ってきてくれたということ自体、ファッションに関心があるわけですから。

そんなヨイショはバレバレ。そこまでして売りたくない、恥ずかしい。そう思っていませんか。談志は無口な私にこう言いました。

「やりすぎた失敗とやらなかった失敗のどっちがいいと思う？」

……そんな時に限って口調は優しく、これは本気だと背筋が凍りつきました。

ヨイショもお世辞も言えない人間は、人を喜ばせることに喜びを見出せない人生を送る。

談志はそう言っていたのです。口だけではない証拠に、談志は文壇バーに来る映画監督に、「見た。あれ、いい。素晴らしい」「あのフレーズ、たまらねえな」とまっすぐ目を見て断定していました。それで大物の映画監督がぽうっとなってしまうのです。

「あなたみたいなおしゃれな方に、うちの服を目に留めていただいてうれしいです」

そうは言っても、「じゃ、何か試着しようかしら」と客に言ってもらえるとは限りません。しかし、時間を使ってヨイショしてくれた、その事実だけは先方の胸に確実に残るのです。そして、売るだけが販売員の喜びではないことをあなたは知るでしょう。

Q7 会議で結論が出そうになると、必ず「でもさぁ……」と蒸し返す上司がいて、倍以上の時間がかかります。どうすればすんなり頷いてもらえるでしょうか。

A 承認欲求を満たす

そろそろ結論という時に蒸し返す人がいると、ほとんど寝そうになっていたメンバーも書類から顔を上げてしまう。それこそが上司の狙いで、何を言っても注目してもらえるのですから、これほどうれしいことはありません。

会議の時だけどうにかしようと思っても無理で、ふだんからヨイショしてあげればいいのではないでしょうか。ヨイショは、相手を見ていなければできません。観察するのです。そして、「先日の飲み会でおっしゃっていたと思うんですけど、部長ってこれ好きですよね」など、皆で言葉にして伝えてください。自分の小さなことを覚えている人がいる。興味を持ってくれている。これは人間の最大の喜びの一つで、当然、相手はあなた方に好意を示すでしょうし、確実に関係は変わります。

さらに、上司が欲していることを探してみてください。飲み会に招待してもいいと思います。皆が自分を見てくれているとなれば、会議でのふるまいは落ち着いていきます。

Q8 混み合う電車の座席で脚を組んでいる人になど、公共の場でちょっとした注意をすると、相手が逆上して事件に発展してしまうこともある昨今。見て見ぬ振りをするのが今どきの賢者なのでしょうか。どうすれば相手を逆上させず注意することができますか。

A 相手に恥をかかせない

「あっ、その脚、ほどいてくれるとうれしいんだけどなあ……」と私なら言ってみます。相手はえっ、という顔をするものの「ああ……」と納得したふうに長い脚をほどく。当然スペースがあく。「ああ、うれしい。これで楽になった」と座り直して笑顔をつくる。これで無事終了、今までトラブルになったことはありません。怒るより、喜びを。

「組んだ脚対策」は人それぞれ、まあ、怒鳴りつけて効果がある人もいるかもしれません。

2004年に80歳で亡くなった先代の桂文治は東京都豊島区出身で、よく西武池袋線を利用して寄席に出ていたのですが、「西武線のステッキおじさん」として知られていました。小柄な体に二重回しというトンビコートを着込み、下駄を履いて、貫一お宮みたいな時代がかった格好をしているうえ、ステッキを持ち、それを左右に振りながら座席間の通路を歩いてくる。ステッキの先に、脚を組んでふんぞり返っている人のつま先が当たるんですよ。チッチッチッ、とステッキの尖った先を当てられた人は、「あ、すいません」と恐縮したように足を引っ込める。トラブルになったことは一度もなかったそうです。落語を知らない人もいつしかステッキおじさんと呼ぶようになり、ステッキおじさんと電車の中で会った日はいいことがある、という伝説も生まれました。

やっぱり、どこか笑いがあるといいんでしょうな。逆切れされるのは、公衆の面前で恥をかかされたからでしょう。自業自得といえばそれまでですが、やはり笑いに包んで「皆が見てるよ」と伝えたいですね。

Q9 部長が無理難題を押しつけてきます。現場の私たちからすると、机上の空論です。どうすれば効果的に反論できますか。

A 目でせんべいは噛めない

課長ではなくて部長なんですね。年齢もキャリアもかなり上の方でしょうから、「無理です」とは言いにくいはず。とにかく下手《したて》に出て、「誠に申し訳ございませんが、未熟な私どもには手に余る案件でございます」と、謝るしかないかな。

やればできるって？　物事にはがんばってできることとできないことがあるんですよ。うどんを鼻から啜って口から出すのは訓練でできるんです。実際、そういう芸人がいました。しかし「目でせんべいを噛め」というのは、どれだけ訓練してもできません。「部長、それは目でせんべいを噛めとおっしゃっているのと同じでございます。せめてうどんを鼻から啜って口から出す程度の、訓練すればできる課題を与えてくださいますでしょうか……」

ユーモアを解するのも修業ですな。カミナリが落ちるかもしれませんが、部長といえども前進は必要です。ぜひお試しを（ただし、責任は持てません）。

Q10 学生向けに出張セミナーなどしているのですが、学校側が企画しているだけなので、学生には興味のない題材も多いです。一生懸命話しているのに、スマホなどいじられていると悲しくなります。どうすれば聞いてもらえますか。

A 聞いている人に向かって話す

ゲストで呼ばれている場合は、「スマホを置いて聞け！」とも怒れませんね。しかし落語家だって、聞いてもらえない事態は発生するのです。

娯楽で招かれた病院寄席、学校が伝統芸能を子どもに体験させようと無理やり企画した学校寄席。落語は昔の言葉が多いので、できるだけやさしく説明しますが、どうしても興味のない子もいる。病院寄席に至っては、それどころではない患者さんもいっぱいいます。そういう時、私は呼んでくれた大人、つまり関係者に向かって話します。必ず付き添いの人が少なからずいますから。いつもご苦労なさっている方を慰労する気持ちで話をします。

一人が聞き入れば、他の人も聞き入り、だんだん会場に熱が入っていくことはありますよ。まずは聞いている人に向けて話をしてください。

おわりに

本は一方通行のコミュニケーション。お客様がどこで笑ったか、どこで首を傾《かし》げたか、書き手の目には見えないのが、残念なところでございます。

どうしたら伝わるか。伝わる人は、なぜ伝わるのか。私なりの考え方とコツを一冊に込めました。高座で手前を見かけましたら、ぜひご感想をお聞かせください。そして、俺は落語なんか聞きに行かねえや、という人。この本で伝授しましたこと、たとえば敬語の使い方でも、働かない子どもへの声のかけ方でも、何か一つやってみてください。あなたはもう、落語界の一端を担っていますよ（笑）。それが、私にとっての「伝わった」ということです。

「伝わる」とは、電話であれ手紙であれ、メールであれ、「分からない」ことが「分かった！」という瞬間の化学反応を起こさせることかと思います。聞いているほうは「そうだったのか」と気持ちよく、話しているほうは、相手を変化させたことが実に気持ちいい。

現在は第5次落語ブームともいわれ、江戸時代以来最多の高座数となっています。落語家志願の若者が増え……と言いたいところですが、うちなどには中年にさしかかった者も門を叩いてくれ、まさに人生100年時代そのもの。電話もメールもインスタグラムもあるのに、なぜしゃべりで伝えることに魅了されていく人が増えているのか。

現在、落語家の数は東西合わせて800人とも900人とも言われています。私の感覚では800人強で、東京が約500人、大阪が約300人とみています。東京の場合、500人が4団体に所属しているのですが、多い順に落語協会、落語芸術協会で、円楽一門会と落語立川流が同じくらいの人数を擁しています。立川流が50人くらいといえば見当がつくでしょうか。はい、立川流は少数精鋭なのです。

落語は、かつて男が作り、男が演じ、男が聞いてきましたが、女性観客の目覚ましい増加のみならず、女性の落語家も飛躍的に増えています。

落語協会の某真打のツイートに、「楽屋入りしたら、前座3人がすべて女子だった」とあり、私の前座時代を思うと隔世の感があります。立川流にも3人います。談春門下にこはる（真打昇進間近）、私の弟子にだん子（二ツ目）、談修門下に花修《かしゅう》（前座）といった面々です。出演者が女子だけの落語会もいくつかあり、きっと彼女たちは新たな波を作り出すことでしょう。

別の波もすでに起こっています。お笑い界から落語界への参入です。山崎邦正が八方門下で月亭方正《ほうせい》、世界のナベアツが文枝門下の桂三度《さんど》となり、2人はすでにキャリア約10年です。

もちろん東京にもいます。末高斗夢《すえたかとむ》は好楽門下となり三遊亭こうもりでデビュー、現在は二ツ目となり、三遊亭とむとして真打をめざしています。彼もまたキャリア約10年です。

我が門下にもいます。立川只四楼《ただしろう》です。漫才でデビュー、ピン芸人となり、私のところへやってきました。「メンソールライトが私の弟子になった」とツイートしましたら、「えっ、メンソールライトが落語家に?・」等、割と大きな反響があり、驚きました。彼は「爆笑レッドカーペット」（フジテレビ系列）や「エンタの神様」（日本テレビ系列）に何度か出演経験のある、お笑いマニアの間では知られる存在だったのです。2015年に入門し、2018年に二ツ目、その昇進披露の会のゲストに片岡鶴太郎さんを招いて、師匠の私をはじめとする多くの人の度肝を抜きました。今、大変意欲的に活動しています。もちろん落語家としてです。

　転向者はまだまだいるのですが、彼らに共通しているのは、只四楼がそうであるように、落語への取り組みが真剣かつ意欲的であることで、何かを取り戻すかのごとくなのです。彼らのいた世界は、売れたもん勝ちと言っていいでしょう。不安定です。そして彼らの多くはスクール出身で、師匠を持たないのです。落語は長く、大げさに言えば生涯をかけて取り組むことができます。そして、必ず師匠がいます。彼らの内なる徒弟制や伝統芸への憧れが表面化しつつある。私はそんなふうに思うのですが、穿《うが》ちすぎの見方でしょうか。

　先日、飲んでいる席が軽く揺れました。地震です。その時、友人が「この店、耐震構造になっているんだろうな」と言い、思わず小膝を打ちました。「そうだ、落語こそ耐震構造なのだ」と。

　そうです、その席は地震で揺れるまで落語談議で盛り上がっていたのです。落語はしなやかです。したたかです。時代の波もかいくぐります。ドンと受けるのではなく、右に左にいなします。言葉狩りにもやわらかく対応し、言い換えの言葉を探します。そうです、落語は堅牢ではなく柔軟な耐震構造になっているのです。

２０１９年の秋に評判になった、「千曲川《ちくまがわ》のほとりに鳴り響いた半鐘」を思い出します。台風で堤防が決壊していく夜中、メールや防災無線より早いと判断した消防団員たちが火の見櫓《やぐら》にのぼって半鐘を叩き続けた。耳の遠いお年寄りまでもが聞きつけ、「これはただごとではない」と判断、直ちに避難を始めて助かったのでした。あの音には、人の心を掻き立てる何かがあるのかもしれません。どれほどネットが発達しても、息や声やしゃべりに人が反応していくように。

そういう私も機械否定派ではなく、時事に沿ったツイッターを発信しています。直ちに反応が返ってくるのもネット時代の面白さです。人は新しいものに向きがちですが、どうしても変わらぬもの、まさに次世に「伝えていこう」とするものもあります。職人の手仕事などもそうですよね。今や百花繚乱となった伝達法の中、人々が少しでも忘れないように努力しているものが多々あり、それが落語への興味となって表れているような気がしてなりません。

「おばあちゃん、雷は電気なんだってね」

「うそおっしゃい。ランプの頃からありましたよ」

最後になりましたが、編集の峯晴子さんに厚く御礼申し上げます。早くから依頼を受けながらなかなか腰を上げない私を励まし、時に「このままじゃ、出なくなりますよ」と叱咤し、数々の提案をしていただきました。

ライターの柴崎あづささんにも大変お世話になりました。私一人で書くとどうしても専門に偏る傾向があり、すべてではないのですが、峯さんの設問に私が答え、それを柴崎さんがまとめるという形を取りました。私の書いたこととしゃべったことをまずお二人が理解しないことには、読者に届くはずもありません。何より本書のテーマは「伝える」で、あえてそういう形を取ったわけです。そして、どうにかこうにか上梓の運びとなりました。お世話になったお二人のためにも、せめてロングセラーをと願っております。

令和2（2020）年、すっかり正月気分の抜けた日に

立川談四楼

立川談四楼（たてかわ・だんしろう）
1951年群馬県生まれ。落語家。1970年立川談志に入門。1980年、NHK新人落語コンクール優秀賞受賞。1983年、落語立川流第1期真打となる。真打昇進以来、独演会を積極的に展開。フランチャイズとなる東京・下北沢の北澤八幡神社における「立川談四楼独演会」は2020年2月で228回を数える。東京・世田谷区経堂のイベント酒場さばのゆでの独演会は毎月開催。銀座の蕎麦・流石亭での独演会は、春夏秋冬、年4回開催（限定30名さま）。新宿の道楽亭での独演会は奇数月に開催。2019年から東京・駒込のギャラリー、アーリーバード・アクロスで年4回の独演会がスタート。そして、郷里群馬を始めとして埼玉、山形、長野、岐阜、大阪、長崎などにも拠点を持つ。真打昇進試験をきっかけに、落語界の将来に疑問を持ち、真打昇進試験を題材にした『屈折十三年』（別冊文藝春秋）を著して文壇デビュー。1990年、小説集『シャレのち曇り』（文藝春秋）、以降の『一回こっくり』『談志が死んだ』（ともに新潮社）が三部作。『ファイティング寿限無』（祥伝社文庫）、『師匠！』（PHP文芸文庫）など著書多数。エッセイ集『声に出して笑える日本語』（光文社知恵の森文庫）はベストセラー。書評家としても活躍中。毎日新聞紙上「人生相談」でもおなじみ。

ブックデザイン　鈴木成一デザイン室
写真　髙橋勝視（毎日新聞出版）
編集協力　柴崎あづさ
DTP　センターメディア

しゃべるばかりが能《のう》じゃない

✲ 落語《らくご》立川流《たてかわりゅう》 伝《つた》え方《かた》の極意《ごくい》

印刷 2020年3月15日
発行 2020年3月30日

著者 立川《たてかわ》談四楼《だんしろう》

発行人 黒川昭良
発行所 毎日新聞出版
〒102-0074 東京都千代田区九段南1-6-17 千代田会館5階
営業本部 03(6265)6941
図書第二編集部 03(6265)6746

印刷・製本 中央精版印刷

ISBN978-4-620-32544-6